Suhas G K
Piyush Kumar Pareek
Priya Nandihal

Interação Baseada em Recomendação

Suhas G K
Piyush Kumar Pareek
Priya Nandihal

Interação Baseada em Recomendação

Interatividade baseada em recomendações por meio de várias plataformas em Big Data

ScienciaScripts

Imprint

Cover image: www.ingimage.com

This book is a translation from the original published under ISBN 978-613-9-45933-9.

Publisher:
Sciencia Scripts
is a trademark of
Dodo Books Indian Ocean Ltd. and OmniScriptum S.R.L publishing group

120 High Road, East Finchley, London, N2 9ED, United Kingdom
Str. Armeneasca 28/1, office 1, Chisinau MD-2012, Republic of Moldova, Europe
Printed at: see last page
ISBN: 978-620-5-71807-0

Conteúdos

CAPÍTULO - 1 2
CAPÍTULO - 2 10
CAPÍTULO - 3 31
CAPÍTULO - 4 37
CAPÍTULO - 5 91
CAPÍTULO - 6 95
CAPÍTULO - 7 99
CONCLUSÃO 105
FUTURO TRABALHO 106
Referências 107

CAPÍTULO - 1

INTRODUÇÃO

Nos últimos anos, surgiu uma série de novas plataformas de redes sociais, cada uma com o seu próprio conjunto de serviços orientados para os utilizadores através de add-ons tais como SMS móvel, Facebook, e a crescente popularidade do Twitter, Google+, e WhatsApp, especialmente no espaço do entretenimento. Em comparação com os conteúdos criados profissionalmente, estas redes de redes sociais, que consistem principalmente em sítios de redes sociais (SNS), dependem fortemente de utilizadores individuais para a produção de conteúdos. A exploração de conteúdos com base em interesses é a força motriz para a criação e redistribuição de novos conteúdos, com 41% da população dos EUA a descobrir imagens e vídeos em linha.

Os dados têm sido recentemente uma inundação que está a invadir todos os sectores da economia global. Infiltrou-se agora em todos os sectores e características das empresas. Ao recolher informações sobre as suas actividades, clientes e fornecedores, as empresas podem gerar uma quantidade significativa de dados transaccionais. Além disso, o número de utilizadores da Internet, dispositivos de consumo como PCs e tablets, aplicações em linha modernas, sensores integrados em rede como sites de redes sociais, máquinas industriais, telefones inteligentes e automóveis, têm crescido exponencialmente, resultando num aumento da quantidade de dados na Internet. Os grandes dados referem-se a um grande volume de dados. Grandes dados são um conjunto de dados de grande dimensão e difíceis de recolher, armazenar, manusear, processar e analisar utilizando as tecnologias actuais a uma velocidade e tempo razoáveis. O crescimento exponencial da substância dos Grandes Dados tem sido ajudado pela vastidão crescente do conteúdo dos meios interactivos. Esta gestão de Grandes Dados é uma questão séria para todas as empresas e sectores de TI, e tem um efeito importante nos sistemas de recomendação de serviços. As questões de ineficiência e escalabilidade que surgem no tratamento e processamento de grandes quantidades de dados são um problema significativo para os sistemas de recomendação de serviços.

À medida que os meios de comunicação social permeiam todos os aspectos das nossas vidas e que estas aplicações representam uma parte significativa do tráfego na Internet, as fontes de conteúdo permanecem fragmentadas, tornando difícil para os consumidores encontrar conteúdos apropriados com base nos seus interesses. Considerar o interesse como uma experiência única alimentada pela exploração de material relevante. Devido às limitações de acesso a uma única plataforma, uma parte do conteúdo baseado em interesses é inevitavelmente negligenciada. Também os SNS históricos de plataforma única diferem tecnologicamente e em escala, variando desde perfis de consumidores a características geográficas até à simples preservação de conteúdos pré-existentes.

relações já existentes Desde 2003, as redes sociais especializadas centradas em interesses pessoais tais como viagens, activismo, religião, partilha de fotos, audição de música, e partilha de vídeo, para citar alguns, tornaram-se comuns.

Para resolver problemas de acesso restrito a conteúdos, de interoperabilidade de redes e de falta de segmentação de conteúdos relevantes em múltiplas plataformas, algumas destas limitações foram abordadas. Tentativas de facilitar o acesso a conteúdos baseados em interesses começaram a ser modeladas dentro de uma única plataforma. O botão "like" no Facebook foi uma das técnicas utilizadas, e "hashtags" foram utilizados para seguir e filtrar o conteúdo do Twitter. Independentemente destes esforços, o conteúdo baseado em juros ainda pode ser pesquisado dentro de uma única plataforma e não através de múltiplas plataformas, e isto sem ter em conta o envolvimento do utilizador com outras aplicações ou conteúdo através de múltiplas plataformas.

Várias aplicações multiplataforma dos meios de comunicação social fornecem uma forma de dar conta das deficiências de acesso ao conteúdo de uma única plataforma [1]. A característica "partilhar" facilitou a redistribuição de conteúdos com base em interesses; uma identidade aberta facilitou o acesso a conteúdos através de vários canais [3]; e ferramentas de agregação de conteúdos foram concebidas para incorporar funcionalidades de múltiplas fontes externas para dar conta de uma maior variedade de conteúdos. Além disso, os utilizadores devem dedicar tempo, esforço, e capacidade cognitiva a vários canais com igual zelo.

Todas estas aplicações transversais têm, no entanto, inconvenientes. Embora a característica "partilha" permitisse a transmissão ou duplicação de conteúdos através de múltiplas plataformas, a desvantagem deste método era que o consumidor podia participar na partilha de conteúdos um-para-muitos, mas estava limitado a receber conteúdos de cada plataforma separada [1]. Ao permitir que os utilizadores assinassem vários websites com uma única identidade, a identidade aberta tornava o conteúdo mais disponível (ID). Em vez de poder aceder a várias plataformas simultaneamente, tal identidade aberta era restrita a uma única plataforma. Os sítios de agregação de dados, por outro lado, proporcionam aos utilizadores um maior acesso ao conteúdo, mas não permitem a interacção ou exploração do conteúdo através de outras interfaces de utilizador.

Conceber um modelo único de acesso à modelação de conteúdo baseado em juros para ter em conta as limitações descritas acima. Utilizar plataformas de redes sociais estabelecidas para construir um grande repositório de dados - um conceito utilizado para caracterizar uma vasta e complexa gama de conjuntos de dados em crescimento que é difícil de gerir e processar utilizando software convencional de gestão de bases de dados - para modelar a segmentação de conteúdos baseados em interesses e a descoberta de conteúdos através do envolvimento dos utilizadores.

1.1 Sistemas de recomendação

Os sistemas de recomendação são um tipo de sistema de peneiramento de dados que tenta avaliar a "classificação" que um cliente pode atribuir a um objecto. Nos últimos anos, os sistemas de recomendação tornaram-se muito populares e são utilizados numa variedade de aplicações. Tags sociais, consultas de pesquisa, artigos de pesquisa, livros, notícias, música, filmes, e artigos em geral são possivelmente os mais populares. Pessoas, seguros de vida, serviços bancários, restaurantes, piadas, especialistas, e seguidores do Twitter, todos têm sistemas de recomendação [11].

Podem ser categorizadas diferentes formas de abordagens de recomendação, dependendo da fonte de conhecimento ou informação que utilizam para fazer recomendações aceitáveis. A figura seguinte apresenta uma ilustração esquemática da classificação. 1.1.São cinco tipos de sistemas de recomendação

1. Sistema de recomendação com base no conteúdo
2. Sistema de Recomendação Colaborativa
3. Sistema de recomendação baseado no conhecimento
4. Sistema de recomendação demográfica
5. Sistema de Recomendação Híbrido

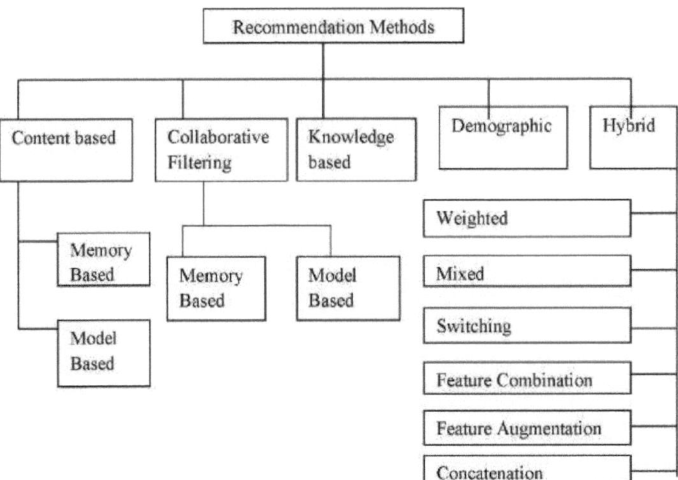

Figura 1.1: Classificação dos métodos de recomendação

Filtragem dependente do conteúdo Os itens recomendados ao utilizador numa recomendação baseada no conteúdo são idênticos aos que o utilizador anteriormente favoreceu. Por exemplo, num serviço de recomendação de livros, o sistema de recomendação baseado no conteúdo procura medidas de semelhança entre os livros que o utilizador classificou no passado para influenciar os livros que são recomendados ao utilizador .Baseado na memória - a recuperação de texto é baseada no termo (TF-IDF) frequência - processo de frequência de mensagens inversa. Árvores de decisão, redes neuronais, classificadores Bayesianos, agrupamento, e representação baseada em vectores são utilizados na representação baseada em modelos. A maior questão com recomendações baseadas no conteúdo é que é difícil para o sistema fazer ajustamentos às preferências do utilizador uma vez que o perfil tenha sido guardado no sistema. A filtragem por consenso que os serviços recomendam ao consumidor num quadro de recomendação de filtragem partilhada [10] são aqueles que os utilizadores de gostos semelhantes têm tido anteriormente. Apresentam-se a seguir as diferentes formas de recomendações de colaboração: Itembased CF - Os rakings esperados são baseados nas classificações de outros objectos relacionados do mesmo utilizador. CF baseado no utilizador - A previsão da classificação de um item para um utilizador é baseada nas classificações de utilizadores semelhantes que tenham classificado o mesmo item.

Com base na metodologia algorítmica, os sistemas de filtragem colaborativa podem ser divididos em duas categorias: Filtragem colaborativa baseada em memória e modelos

Sistemas de Recomendação baseados em memória - Estes sistemas operam em dados armazenados em memória para fazer previsões. Podem ser categorizados da seguinte forma:

(i)I Algoritmos de vizinhos mais próximos - Os utilizadores vizinhos têm os mesmos interesses que o utilizador actual. Este algoritmo procura utilizadores anteriores que tinham as mesmas preferências de gosto que o novo utilizador no passado. Os itens que os vizinhos apreciam são então recomendados ao novo cliente, pois é quase provável que ele também os aprecie. Os algoritmos vizinhos mais próximos dos utilizadores geram previsões para um utilizador específico com base em classificações fornecidas por outros utilizadores na região. Algoritmos vizinhos mais próximos baseados em itens fazem previsões baseadas em semelhanças entre objectos.

(ii) Algoritmos de recomendação Top-N - Recomenda um grupo de N artigos de primeira categoria que são susceptíveis de ser de interesse para um determinado consumidor. A matriz de itens do utilizador é examinada a fim de determinar como diferentes utilizadores ou itens estão relacionados e para quantificar recomendações. ligados ao consumidor Os K utilizadores mais relacionados com o utilizador activo são identificados usando Algoritmos de Filtragem Top-N Colaborativos. Classificação baseada no item De acordo com as semelhanças entre objectos, o Algoritmo de Filtragem Top-N Colaborativo calcula os K itens mais semelhantes para cada objecto.

Sistemas de Filtragem Colaborativa baseados em Modelos - É à luz do conjunto de classificações, a fim de criar um modelo que é frequentemente utilizado para determinar as expectativas de posicionamento.

A escalabilidade da técnica de Filtragem Colaborativa, um processo de proposta personalizada amplamente utilizado, é um problema. O custo de medição da Filtragem Colaborativa seria elevado se o volume do conjunto de dados fosse extremamente grande. Hadoop, uma aplicação de computação em nuvem, pode ser utilizada para resolver a questão de grandes quantidades de tarefas de computação.

Recomendação baseada no conhecimento

dependentes da informação Recomendar Sistemas recomendam itens de interesse para os utilizadores com base num conhecimento tanto do perfil dos utilizadores como das características dos itens [12]. Analisa os dados sobre os utilizadores e produtos para determinar quais os artigos que satisfazem as necessidades do utilizador. Este tipo de sistema de recomendação requer uma modelação precisa do item e do utilizador para funcionar correctamente; o principal inconveniente do seu desenvolvimento é a disponibilidade de informação mínima e a sua manutenção ao longo do tempo. A principal vantagem é que, ao contrário de outros tipos de sistemas de recomendação, não precisam de uma grande quantidade de dados para calcular as recomendações. A principal falha do sistema é que precisa de uma base de dados de informação engendrada para fazer recomendações muito úteis. A recomendação da base de conhecimentos acima referida precisa de ser actualizada para acompanhar a evolução das preferências e classificações dos consumidores [12].

Recomendação para Demográficos

Local, idade, sexo, educação, estatuto social, e outros dados demográficos podem ser recolhidos e utilizados explícita e implicitamente. Um perfil de utilizador pode ser gerado com base em dados demográficos. Certos produtos correspondentes podem ser sugeridos com base num perfil demográfico do utilizador. Os adolescentes, por exemplo, preferem artigos diferentes dos idosos, e os ricos preferem artigos diferentes dos das classes média e baixa e estão dispostos a pagar mais por eles. Como resultado, a recomendação demográfica categoriza e recomenda os utilizadores com base nas características pessoais. Uma abordagem demográfica tem a vantagem de não utilizar revisões de utilizadores sobre produtos, pelo que os novos utilizadores podem obter feedback antes de classificar algo. Uma vez que não é necessário qualquer conhecimento prévio dos objectos ou das suas características, a técnica é independente do domínio. A desvantagem da abordagem demográfica é que a recolha dos dados demográficos necessários pode levar a preocupações de privacidade. As recomendações altamente personalizadas não utilizam categorias demográficas.

Sistemas Híbridos Recomendados

Os Sistemas Híbridos de Recomendação são uma forma de sistema híbrido de recomendação. A maioria dos sistemas tradicionais de recomendação utiliza apenas alguns métodos principais de proposta, tais como baseados no conteúdo, colaborativos, demográficos, baseados na utilidade e baseados no conhecimento.

Ponderados: Executar métodos baseados no conteúdo e orientados para a comunidade separadamente e depois reuni-los.

Misturado: Utilizando dois ou mais sistemas de recomendação ao mesmo tempo; por exemplo, sistemas de recomendação colaborativos. Filtragem e uma abordagem baseada no conteúdo.

Comutação: O dispositivo emprega um conceito de comutação específico para comutar entre dois sistemas de recomendação que funcionam com a mesma coisa.

Combinação de características: Os interesses de uma variedade de fontes de dados do sistema de sugestões são combinados numa única estimativa de proposta.

Aumento das características: Quando a saída de uma característica de um dispositivo é utilizada como entrada para outro, tal como quando um modelo criado por um é utilizado para gerar características que são utilizadas por outro.

Em cascata: Os efeitos de um método de recomendação influenciam os resultados de outro. Os benefícios e inconvenientes de diferentes metodologias são discutidos, resultando na necessidade de uma metodologia híbrida para fornecer recomendações. A adopção de várias variações de abordagens de recomendação ajuda frequentemente a aumentar a precisão da recomendação de escolhas de produtos adequados aos consumidores.

1.2 Declaração de problemas

Conceber uma plataforma para fornecer recomendações com base no interesse do utilizador através de diferentes redes sociais.

1.3 Âmbito do Projecto

1. Conceber uma plataforma de camadas cruzadas.
2. Actualmente, fornecer os centros públicos.
3. Fornecer uma plataforma para o conteúdo de interesse do utilizador mineiro através de diferentes redes sociais.

1.4 Objectivos

1. Proporcionar uma plataforma cruzada baseada na experiência do utilizador.
2. Implementar uma aplicação que contenha processos de recuperação de informação, filtragem de informação e filtragem de classificação.
3. Concepção de nuvem virtual para dar conta de aspectos teóricos da abordagem e interactividade centrada no utilizador de Grandes Dados.

CAPÍTULO - 2

REVISÃO DE LITERATURA

[Na Internet] A H. M. Inc. é uma empresa sediada em Nova Iorque (2013). Gestão de meios de comunicação social. Hootsuite é uma aplicação única que pode ser encontrada em https://hootsuite.com/. Utiliza a característica "partilhar" da identidade aberta[3], que incorpora características de diferentes fontes, para difundir dados de conteúdo baseados em interesses através de múltiplas plataformas. A desvantagem é que demora mais tempo a coordenar esforços e tempo a digitalizar várias redes.

E. P. Bucy, E. P. Bucy, E. P. Bucy, (dois) De acordo com este posto, os utilizadores precisam de tempo, esforço e capacidade cognitiva para se empenharem igualmente em múltiplos canais. No entanto, ambas estas aplicações de plataforma cruzada têm falhas. Embora a funcionalidade "partilhar" permitisse a transmissão ou duplicação de conteúdos através de múltiplas plataformas, o inconveniente era que o utilizador só podia participar na partilha de conteúdos de um para um e só podia receber conteúdos de cada plataforma separadamente.

[nove] Evidentemente, existe uma fundação. (13 de Setembro de 2013) O website da Fundação Openid http://openid.net/ (http://openid.net/) (http://openid.net/) ((http://openid.net/) (http://openid.net/) (http://openid.net/) (http://openid. Os utilizadores puderam obter um acesso mais rápido ao conteúdo ao poderem entrar em vários websites com uma única identidade (ID). Em vez de poder utilizar vários sítios ao mesmo tempo, tal identificação aberta foi limitada a apenas um. Na essência, os sítios de agregação de dados forneciam aos utilizadores mais conteúdo, mas não encorajavam a interacção ou descoberta de conteúdo por outras interfaces de utilizador. As limitações acima mencionadas podem ser resolvidas aplicando um modelo único de acesso à modelação de conteúdos baseada em interesses.

C. J. Jacoby [número quatro] A pesquisa por palavra-chave ainda é um dos métodos mais comuns, se não o mais popular, para peneirar através de colecções de registos de revelação de material potencialmente relevante. Infelizmente, a pesquisa de palavras-chave é uma resposta fraca a esta questão, uma vez que ignora uma série de documentos importantes. A pesquisa por palavra-chave, por definição, é utilizada para encontrar termos únicos que tenham sido decididos numa consulta. Se procurar por documentos que incluem a palavra "carro", encontrará exactamente aquilo que procura. Registos contendo palavras potencialmente relevantes como "automóvel", "Ford", "GM", e "Toyota" seriam, no entanto, ignorados. Para compensar, aumente o número de termos de pesquisa e utilize a digitalização de troncos para encontrar pluralidade de palavras, mas os resultados deixariam, sem dúvida, de fora alguns materiais relevantes.

S. J. McMillan [5] Para incorporar uma plataforma cruzada centrada numa experiência usercêntrica, foram utilizadas as seguintes seis dimensões de interactividade percebida. Direcção da comunicação - a capacidade de receber mensagens de retorno para além da comunicação unidireccional, que é comum nos meios de comunicação de massas tradicionais como a televisão ou a rádio; flexibilidade de tempo - a capacidade de comunicar em tempo real, bem como de recuperar conversas de arquivo; sentido do lugar - a criação de um contexto comunicativo virtual comum; nível de controlo - agência do utilizador para escolher a retransmissão; l [a sexta] Implementar seis dimensões, com base nas três tradições de interactividade sugeridas, tais como, a interacção entre humanos e humanos refere-se a interacções entre utilizadores num ambiente regulado. A interacção entre humanos e documentos refere-se à forma como os utilizadores comunicam com conteúdos reais criados por outros utilizadores e com os próprios criadores de conteúdos. Humano-para-máquina - quadro adaptativo que integra componentes de interface e componentes humanos para permitir aos utilizadores alcançar níveis de controlo mais elevados, e engloba as duas dimensões anteriores. As metodologias de interacção homem-sistema incluem gestão de assinaturas, gestão de conteúdos, e interactividade de conteúdos. Interacção entre humanos, em que os utilizadores utilizam sistemas de classificação para avisar indirectamente outros utilizadores sobre o valor de um objecto específico, assegurando a cobertura de tópicos importantes.

P. Wilson [nove] Para lidar com a sobrecarga de informação que vem com modelos imersivos de Grandes Dados, foram identificadas sete técnicas: extracção de informação, que usa palavras-chave para localizar informação relevante; filtragem de informação, que usa técnicas de filtragem para destacar o interesse num fluxo contínuo de dados; filtragem de classificação, que usa técnicas de omissão para classificar itens relevantes com base em factores pré-definidos como o número de recomendações, aprovação do utilizador, e popularidade w

Asta Zelenkauskaite e Bruno Simoes [8] demonstram as desvantagens da utilização de uma plataforma única. As saídas de conhecimento têm-se fragmentado à medida que as redes sociais têm penetrado em todas as facetas das nossas vidas, e estas aplicações representam uma grande parte do tráfego da Internet, tornando impossível aos utilizadores encontrar conteúdos relevantes com base nos seus interesses. Uma parte do conteúdo baseado em interesses é subexposta devido ao acesso restrito ao conteúdo, a questões de interoperabilidade das redes, e à falta de segmentação de conteúdos relevantes entre várias plataformas. Uma única transacção de plataforma tem uma maior complexidade temporal do que as transacções entre plataformas.

Mohamed F. Mokbel, Mohamed F. Mokbel, Mohamed F. Mokbel, Mohamed F. Mokbel, Mohamed F. Mokbel, Mohamed F. Mokbel, (nove) Os sistemas de recomendação existentes assumem que o consumidor, a classificação, e a url representam o vector de características; no entanto, não estão preparados para fazer recomendações de localização. O novo sistema de recomendação não tem em conta as propriedades de localização do utilizador ou dos objectos. A utilização de um sistema de recomendação consciente da localização permite a rápida geração de recomendações de alta qualidade. Os utilizadores podem utilizar o novo sistema para criar e descobrir novos itens, o que produz recomendações personalizadas com base na classificação baseada na localização e na consulta da localização do utilizador. O quadro de recomendações emprega a visão da comunidade para ajudar os utilizadores a identificar itens úteis a partir de um amplo campo de pesquisa. Muitos destes sistemas utilizam a filtragem colaborativa, que procura semelhanças entre utilizadores relacionados e artefactos nas visões anteriores da comunidade, a fim de sugerir n coisas personalizadas ao utilizador. Utilizando o teste de semelhança co-seno, este método determina quão semelhantes são os utilizadores e artefactos em termos de localização. O quadro de recomendação de posição consciente, em contraste com o processo actual, gera recomendações escaláveis, eficientes, e precisas. Shang, M. S., e Zhao, Z. D. [10] A escalabilidade da Filtragem Colaborativa, um método comum de recomendação personalizada, é discutida, bem como a forma de abordar as questões. O custo computacional da Filtragem Colaborativa será muito elevado quando o conjunto de dados for muito grande. O problema da atribuição de escalas significativas pode ser resolvido utilizando a estrutura de computação em nuvem. Para resolver o problema de adaptabilidade do sistema recomendador, utilizar a abordagem de Filtragem Colaborativa numa plataforma de computação em nuvem. Nos últimos anos, as aplicações RS têm crescido para incluir compras on-line de livros, aparelhos domésticos, filmes e dispositivos móveis, bem como recomendações de médicos e pacientes de hospitais, recomendações de estudantes e instrutores de institutos, e recomendações de hotéis visitantes, para citar alguns. A eficácia da tecnologia de recomendação baseia-se no facto de que as pessoas têm uma propensão natural para tomar decisões baseadas nas experiências dos seus vizinhos e amigos. qualquer decisão, tal como comprar bens, inscrever-se em instituições de ensino superior, decidir se querem alugar ou comprar um apartamento, passar fins-de-semana em diferentes destinos de férias, e assim por diante.

A sobrecarga de dados resultou do desenvolvimento da tecnologia da Internet, tornando mais difícil para os clientes encontrar o destino exacto que se adequa às suas necessidades entre uma vasta gama de opções. Há milhares de lugares em todo o mundo que um estudante pode considerar se quer passar as suas férias numa estação de montanha e ficar num hotel com paz e sossego. Neste caso, os sistemas de recomendação podem fazer uma recomendação mais forte com base nas expectativas e critérios do utilizador, bem como nas preferências anteriores.

Apesar de muitas ideias para sistemas de recomendação terem sido sugeridas pelos investigadores, definimo-las como se segue:

"Os sistemas recomendados procuram identificar as necessidades e desejos dos utilizadores utilizando algum mecanismo bem definido, filtrar uma vasta gama de dados em conformidade, e dar-lhes a opção mais adequada".

Neste capítulo, analisámos mais de 100 artigos sobre sistemas de recomendação, incluindo o manuscrito que registou a primeira filtragem colaborativa em meados da década de 1990 [41], [42].

A filtragem colaborativa (CF) foi introduzida em meados da década de 1990 [42], [43]. O método proposto de CF forneceu uma estrutura para a concepção de sistemas de recomendação, bem como uma base sólida para o seu desenvolvimento. A literatura sobre este tópico foi extensivamente revista. O estudo de estudos e revisões de sistemas de recomendação ajuda a obter uma compreensão mais profunda do tópico, fornecendo uma imagem holística das tecnologias utilizadas no campo, bem como de diferentes aspectos relacionados com o problema. Nesta secção, tentámos incluir importantes trabalhos de revisão/inquérito sobre o trabalho relacionado e discutimos as suas contribuições. Uma vez que os métodos de recomendação datam de meados dos anos 90, parece apropriado incluir artigos publicados após 2000.

No ano 2000, B. Sarwar et al. [44] investigaram a eficácia dos sistemas de recomendação utilizando dados reais de clientes de uma plataforma de comércio electrónico, comparando a eficiência de vários algoritmos de recomendação [45]. Schafer et al. [46] investigaram os métodos tradicionais de marketing em 2001, lançando as bases para o desenvolvimento de sistemas de recomendação como ferramenta de marketing de comércio electrónico. Também identificaram cinco modelos de aplicação de sistemas de recomendação e apresentaram uma taxonomia de sistemas de recomendação. Schafer et al. deram uma contribuição significativa ao identificarem quatro domínios distintos para estudo potencial baseados na taxonomia que, historicamente, não eram suficientemente servidos pelas aplicações actuais. Sugerem quatro áreas de investigação para sistemas de recomendação: não personalizados, baseados em atributos, correlações item a item, e correlações pessoa-a-pessoa.

Em 2002, R. Burke [47] analisou a complexidade dos sistemas híbridos de recomendação e forneceu dados quantitativos para comparação. Burke [48] também ajudou os investigadores através da realização de um inquérito-quadro de recomendação híbrido. Foram comparados e contrastados vários métodos de recomendação e técnicas de hibridização. Sete abordagens de hibridização e quatro técnicas de recomendação foram consideradas. Também incluiu 41 híbridos, cada um com uma mistura diferente de ingredientes na altura. Desde a viragem do milénio, os investigadores têm estado cada vez mais interessados em esquemas de recomendação.

[42]tem um relatório sobre as primeiras gerações de recomendações de decadência para o milénio. Os autores fornecem uma visão geral dos sistemas de recomendação, bem como uma descrição das suas falhas e possíveis melhorias para resolver as questões actuais.

Em 2007, Candillier et al.[49] utilizaram a recolha de dados do MovieLens para analisar e comparar os principais sistemas baseados na filtragem colaborativa. A sua investigação identifica as vantagens e os inconvenientes das diferentes abordagens consideradas. No entanto, as inúmeras questões que as abordagens baseadas na filtragem colaborativa enfrentam quase não foram mencionadas. A escassez de dados, ataques de shilling, sinonímia, escalabilidade, e outros tópicos são discutidos em detalhe por X su e Khoshguftaar[50]. Propuseram também soluções alternativas para as questões em causa. Os autores realizaram um levantamento sistemático de abordagens de filtragem colaborativa, categorizando algoritmos de filtragem colaborativa e avaliando a sua eficiência preditiva na resolução destas questões. [51] discute a avaliação do processo de recomendação. Os autores analisaram como comparar os recomendadores com base num conjunto de propriedades e como comparar o desempenho dos sistemas de recomendação em diferentes campos de aplicação. Descobriram um fundo experimental que pode ser utilizado para comparar e contrastar diferentes algoritmos. Discutiram também como chegar a conclusões firmes a partir da sua investigação.

Park et al. [52] e Zhou et al. [53] fizeram um excelente trabalho em 2012. Park et al. examinaram 210 artigos de investigação sobre sistemas de recomendação, examinando as tendências da investigação no terreno através do exame da circulação de papel por ano e revista. Para aqueles que estão envolvidos, a iniciativa oferece uma visão sobre futuras direcções de investigação. Zhou et al. publicaram uma visão geral do estado da arte para o desenvolvimento de sistemas de recomendação personalizados num contexto de redes sociais no mesmo ano. O artigo estabelece um caminho de investigação para abordar questões como o perfil do utilizador e o arranque a frio.

A maioria dos trabalhos de investigação para o inquérito foram encontrados na monumental obra de Bobadilla [54]. Elaboraram um método para estabelecer um critério para a inclusão de trabalhos de investigação no campo apropriado. Discutiram os fundamentos dos sistemas de recomendação, bem como os métodos de filtragem colaborativa. Também sugeriram novas classificações para sistemas de recomendação, bem como potenciais tópicos de investigação como abordagens de inspiração biológica para sistemas de recomendação.

Existem várias classificações para esquemas de recomendação. A classificação dos esquemas de recomendação na literatura é baseada nos seguintes critérios:

- Metodologias aplicáveis - O quadro no qual é feita uma sugestão
- Foram utilizadas técnicas de mineração de dados, e assim por diante.

O RS pode ser dividido em três grupos com base nos seus métodos, de acordo com [42]: As recomendações baseadas no conteúdo, recomendações de colaboração e recomendações híbridas são os três tipos de recomendações. Bobadilla et al. [54] sugeriram quatro grupos baseados em algoritmos de filtragem: filtragem baseada no conteúdo, filtragem colaborativa, filtragem híbrida, e filtragem demográfica. Burke [47] classificou os sistemas de recomendação em cinco grupos com base na forma como funcionam. Os vários tipos de recomendações são recomendações baseadas em colaboração, recomendações baseadas em conteúdo, recomendações baseadas em demografia, recomendações baseadas em utilidade, e recomendações baseadas em conhecimento.

Classificámos os sistemas de recomendação em oito tipos diferentes (RS). Estes significados aplicam-se a uma grande variedade de técnicas que têm sido utilizadas pelo público em geral ou que são frequentemente utilizadas pelos investigadores de hoje.

1. Esquemas de recomendação centrados na filtragem colaborativa (C.F)
2. Sistemas recomendados baseados em métodos isolados (R.M)
3. Sistemas recomendados com filtros demográficos (D.F)
4. Sistemas recomendados baseados no conhecimento (K.B) Sistemas Híbridos Recomendados (H.R)
5. Sistema de Recomendação Context-Aware (CARS)
6. Sistemas recomendados com ênfase nas redes sociais
7. Sistemas recomendados baseados em técnicas computacionais suaves

8.Sistemas recomendados centrados na Filtragem Colaborativa

Tem sido a técnica de recomendação mais comum e comummente utilizada, discutida na literatura desde a implementação da primeira abordagem de recomendação em meados dos anos 90 [55], [44], [56]. Outros consumidores com gostos semelhantes aos clientes alvo são consultados como parte da estratégia de colaboração (ou seja, clientes para os quais a recomendação é feita). Os vizinhos são clientes que têm gostos e interesses comuns. Duas tarefas-chave são realizadas na filtragem colectiva: 1) encontrar o vizinho de um cliente e 2) determinar as necessidades de um cliente alvo ou dos vizinhos do utilizador. O vizinho de um utilizador pode ser gerado através da análise do comportamento de compra anterior do utilizador e da comparação das suas classificações de similaridade. O feedback dos clientes pode ser obtido directamente sob a forma de classificações (valores numéricos dentro de um intervalo definido) ou indirectamente através de uma série de medidas. As recomendações implícitas são também baseadas em avaliações de clientes. O feedback dos clientes pode tomar a forma do seu comportamento tal como registado nos registos do utilizador, ou pode tomar a forma dos seus sentimentos tal como reflectidos nas suas revisões.

Para C.F., assumir que se o utilizador1 e o utilizador2 têm classificações semelhantes para o item1, item2,... item "n", devem ter classificações semelhantes para o item "n+1". Por outras palavras, se o utilizador1 tiver classificações elevadas para o item 1, 2, e 3, e o utilizador2 tiver classificações elevadas para os itens 1 e 2, então o utilizador2 deve ter uma classificação elevada para o item 3. Os investigadores definiram C.F de várias maneiras e categorizaram-no em diferentes categorias, utilizando os métodos e algoritmos que utilizaram. Adomavicius e Tuzhilin[42] descreveram C.F como uma função de utilidade que tenta prever a utilidade do item com base em classificações dadas por outros clientes com preferências semelhantes às do utilizador alvo. O algoritmo C.F foi dividido em duas classes. Modelos baseados em modelos e modelos baseados em heurística são os dois tipos de modelos. A mesma classificação foi publicada em [57]. As abordagens colaborativas são classificadas em três categorias por Candillier et al. [49]. Orientados para o utilizador, orientados para o modelo, e orientados para o item, são os três tipos de sistemas orientados para o utilizador.

A cada utilizador é atribuído um conjunto de vizinhos mais próximos num sistema baseado no utilizador, e a classificação do utilizador para o item é prevista utilizando as classificações dos vizinhos mais próximos. É gerada uma lista de grupos de utilizadores numa abordagem baseada em modelos, e são examinadas as classificações dos seus membros. Estas pontuações podem ser utilizadas para prever a classificação de um item por parte de um utilizador. Nesta técnica de CF, os modelos são normalmente criados para sugestão. Estes modelos são concebidos para fazer previsões precisas utilizando dados do mundo real. Nas abordagens baseadas no item, contudo, cada item tem uma lista de vizinhos mais próximos, e as classificações dos utilizadores nos vizinhos mais próximos do item são utilizadas para prever as classificações dos utilizadores no item.

Os investigadores utilizaram estes C.F para desenvolver RS para uma série de aplicações, incluindo música, filmes, páginas web, blogs, e revisões de produtos de compras online [58], [59]. Além disso, dentro das três categorias acima mencionadas, os investigadores têm-se concentrado numa variedade de técnicas. Para categorizar ainda mais o trabalho, podem ser utilizados vários métodos e algoritmos. Analisaremos as especificações aplicáveis e o trabalho relacionado na próxima secção.

Para executar recomendações baseadas em objectos e em utilizadores, são amplamente utilizadas técnicas para CF baseadas em objectos e técnicas para CF baseadas em utilizadores.

- Gostos individuais para diferentes bens - Classificação - Os gostos do utilizador para produtos comuns são semelhantes; - Marcação

Exploração das leis de associação entre os interesses do cliente e os interesses vizinhos. A regra de associação tem sido comummente utilizada na recomendação colectiva. Uma técnica de recomendação baseada em regras de associação foi proposta por Sarwar et al. [44]. Os autores propuseram um conjunto de regras de associação para examinar a ligação entre os padrões de compra dos consumidores e os bens que lhes são recomendados. Os autores de [60] investigaram a possibilidade de integrar a exploração das regras de associação nas recomendações baseadas na filtragem colectiva. Os recomendadores colectivos consideram fácil fazer recomendações personalizadas porque tiram partido da semelhança dos gostos dos clientes.

Por outro lado, os algoritmos de mineração de regras de associação são construídos tendo em mente a análise de cestos de mercado. Uma vez que há demasiadas regras para minerar, que podem ou não ser úteis para o utilizador, tais algoritmos são ineficazes para recomendação colaborativa. Além disso, outros critérios de exploração mineira com regras de associação resultam frequentemente no desenvolvimento de um grande número de regras, ou mesmo de um pequeno número de regras, reduzindo a eficiência do sistema. Para as regras de associação à exploração mineira, os autores desenvolveram uma técnica de sugestão colaborativa. São consideradas as associações entre utilizadores, bem como as associações entre objectos. Técnicas escaláveis baseadas em regras de associação foram propostas pelos autores de [61]. As regras são descobertas a partir de dados de utilização, a fim de personalizar a web para os utilizadores.

Sandvig et al. introduziram em 2007 um algoritmo de recomendação de colaboração baseado nas regras de associação de mineração [62]. Utilizaram o algoritmo k-NN para prevenir ataques de injecção de perfil. Os métodos propostos, de acordo com os seus resultados, melhoraram grandemente o desempenho.

Recomendação baseada em classificações

Uma vez que uma das tendências mais comuns em recomendação é obter a classificação de um utilizador para produtos acessíveis, o que ajuda outros utilizadores a encontrar coisas melhores, esta é uma das tendências mais comuns em recomendação. A filtragem colaborativa baseada na classificação é o nome para este tipo de padrão de recomendação. A recomendação baseada em modelos, que será discutida no seu próprio segmento, utiliza também a recomendação baseada na classificação (ver secção 2.3.1.2).

PolyLens[63], uma versão mais avançada do MovieLens, é fantástica para as aulas de construção e manipulação. PolyLens é um método de recomendação de filmes em pequenos grupos. PolyLens foi criado com uma série de considerações em mente, incluindo recomendação de grupo, evolução e crescimento do grupo, e a natureza do grupo do consumidor. A lista ordenada é apresentada por ordem de pontuação mais baixa a mais alta, utilizando os métodos vizinhos mais próximos.

RACOFI (Rule Applying Collaborative Filtering) é um sistema de classificação multi-dimensional proposto por [64]. RACOFI Music foi desenvolvido pelos escritores para ajudar os utilizadores que optam por ouvir música através da Internet. A sua utilização ajuda na sugestão áudio e na classificação. Os autores identificaram cinco características da música que têm um amplo impacto nos consumidores. Tornaram o seu sistema disponível online desde Agosto de 2003 em [http://racofi.elg.ca].

O TiVo [65] utiliza também um sistema de classificação, com 100 milhões de classificações. Estas classificações foram atribuídas a aproximadamente 30.000 espectadores de vários programas de televisão e filmes. Os telespectadores podem seleccionar entre uma gama de programas de TV TiVo-recomendados.

Uma vez que a tendência geral na recomendação é obter uma classificação do utilizador para os objectos disponíveis, o que ajuda os outros utilizadores a encontrar melhores produtos. Os autores desenvolveram [66] um método orientado pela base de dados que incorpora a classificação item a item CF e as classificações. É fácil de implementar, segundo os autores, e pode ser utilizado em várias situações.

Recomendação baseada na preferência pessoal

Na recomendação baseada na escolha, os objectos são recomendados com base em semelhanças nas preferências de um único utilizador para vários artigos. Hayes e Cunningham [67] do Trinity College, Dublin, desenvolveram uma aplicação musical chamada "rádio inteligente" em 2001. Os utilizadores podem partilhar programas musicais através da aplicação de música baseada na web. Para alcançar os seus objectivos, os autores utilizaram abordagens de recomendação colectiva, bem como tecnologias de streaming áudio. Os operadores pesquisam a distribuição controlada de música através da Internet como parte do seu trabalho, e a rádio inteligente é concebida para personalizar os programas musicais. A filtragem mútua é um conceito que é utilizado para trocar programas musicais com base em gostos semelhantes dos utilizadores. A rádio inteligente está agora operacional, e a autorização foi dada pela organização irlandesa de direitos musicais (IMRO).

Os autores inventaram [69] um mecanismo que permite personalizar uma lista de reprodução em tempo real enquanto ouvem áudio com base nos gostos musicais do ouvinte, uma vez que a rádio na Internet tem aumentado em popularidade. Utilizando técnicas de CF, os autores construíram uma lista de reprodução em tempo real. Antes de ouvir uma peça musical pela primeira vez, é provável que o ouvinte a tenha ouvido antes. Uma lista de reprodução é sugerida ao ouvinte com base nos seus hábitos auditivos anteriores. Eles também reviram os detalhes de como a estratégia foi posta em prática.

É investigada uma interface baseada na escolha para a evocação de preferências durante a fase de arranque a frio [70]. A interface é comparada com um sistema baseado na classificação actual. As interfaces baseadas na classificação, de acordo com os autores, requerem mais esforço, enquanto que os sistemas baseados na escolha oferecem recomendações mais satisfatórias. Recomendação baseada na opinião dos utilizadores de artefactos comuns semelhantes. GroupLens[58] é um dos primeiros sistemas baseados na filtragem colaborativa, fornecendo aos membros do grupo notícias em linha filtradas. Torna muito mais fácil encontrar artigos noticiosos que um consumidor possa estar interessado entre o grande número de artigos noticiosos disponíveis.

Em 1998, Pazzani [71] discutiu como conhecer o perfil de interesses de um utilizador e como isto pode ajudar com recomendações de páginas web ou artigos noticiosos. O autor abordou abordagens de colaboração e as suas vantagens e desvantagens ao recomendar fontes de informação a utilizadores que utilizam restaurantes como exemplo.

Em 2001, G Karypis propôs uma tecnologia de filtragem de informação personalizada baseada em itens para a análise de um conjunto de N itens. Estes N artefactos referem-se aos interesses dos utilizadores individuais. Os autores apresentam primeiro um método para determinar as semelhanças dos itens, e depois utilizam essa informação para fazer recomendações finais sobre os itens. De acordo com o cientista, a avaliação experimental em cinco conjuntos de dados diferentes é 27% melhor.

Centrado num esquema de CF baseado num item, Gemmell et al. [73] propõem um FolkRank melhorado. Descobriram que a combinação da CF baseada no item com uma abordagem tradicional baseada em gráficos poderia impulsionar o desempenho do FolkRank. Como resultado do estudo, é evidente que a CF, especialmente a filtragem colaborativa baseada no item, poderia ser uma ferramenta poderosa para melhorar o desempenho de um sistema de recomendação [74]. Recomendações personalizadas baseadas em etiquetas [75], [76] propuseram o método de recomendação baseado na etiquetagem "FolkRank". Os escritores escolheram a distância entre eles próprios e o recurso carregado. Estas distâncias são utilizadas como ponto de partida para as sugestões de etiquetas. Outro método de recomendação baseado na etiquetagem é apresentado por Zheng e Li [77][78]. A base do esquema é CF. As suas pesquisas demonstraram o valor da etiqueta e do tempo no processo de recomendação. Os sistemas CF tradicionais, tal como outros, utilizam matrizes de classificação, mas utilizam matrizes baseadas nas relações de etiqueta e tempo. As semelhanças podem ser encontradas calculando o peso da etiqueta e o peso do tempo. O índice de similaridade ajuda na descoberta de novos vizinhos, que depois fazem previsões com base nas suas sugestões.

Os modelos foram o tema das estratégias de CF.

Técnicas de CF baseadas em modelos, como discutido anteriormente, utilizam uma série de técnicas para criar modelos, incluindo aprendizagem de máquinas, classificação Bayesiana, ordenação, agrupamento, utilização de informação latente, modelação gráfica, e assim por diante. Goldeberg[41] apresentou uma abordagem de recomendação de livros personalizada baseada em modelos. Os autores utilizaram as regras de associação de mineração e BNs para criar recomendações personalizadas de livros. A mineração de regras de associação é utilizada para examinar a relação entre as preferências dos utilizadores através da análise de livros emprestados. Os BNs são utilizados na personalização do RS.

A fim de prever a classificação, o autor [80] analisou as abordagens existentes a partir de uma perspectiva de aprendizagem por máquina em 2004. Segundo o autor, muitas das abordagens mais recentes para completar o projecto são simplesmente técnicas de aprendizagem de máquinas modificadas. As operações básicas incluem a redução da dimensionalidade, agrupamento, agrupamento, regressão, e estimativa da densidade. A autora concebe novos métodos de previsão. Marlin criou um método experimental novinho em folha que nunca tinha sido experimentado antes.

Kim et al. propuseram que a regra de marketing para recomendação personalizada fosse derivada utilizando a aprendizagem mecânica. Utilizaram técnicas de indução em árvore, que combinaram com técnicas de extracção de dados para se adequarem aos dados demográficos do consumidor. A metodologia proposta facilita a recuperação de regras de personalização de anúncios para compradores em linha [81].

As estratégias de filtragem colaborativa têm a desvantagem de não serem portáveis e só funcionarem num ambiente de Internet em grande escala. Miller et al.[82] introduziram "PocketLens", uma abordagem colaborativa promissora que funciona em servidores ligados e mesmo palmtops e alcança resultados comparáveis a outras técnicas competitivas. PocketLens baseia-se no algoritmo CF, que localiza os vizinhos utilizando cinco arquitecturas peer-to-peer. [Página 83] Foi detectada uma loja. Shopbot é um motor de pesquisa comparativo de compras que foi concebido para tirar partido dos freebies para os consumidores sem lhes cobrar taxas adicionais. Os autores sugerem um método de semelhança item-item baseado em técnicas de CF. Incluíram a opção de fornecer o custo do produto bem como o seu benefício de uma perspectiva de redução de custos aos clientes em troca de referências.

[85] mostra uma das formas mais rápidas de melhorar a precisão da previsão sem abrandar o processo. Bell e Koren racionalizaram o problema de tal forma que os pesos de interpolação para os vizinhos foram calculados em simultâneo. As abordagens anteriores calculavam as preferências de interpolação separadamente. Esta abordagem pode gerar uma previsão em menos de 0,2 milissegundos. Também é igualmente eficiente para aplicações de grande escala. Os resultados são avaliados utilizando o conjunto de dados Netflix.

Em 2012, Sahoo et al. [86] desenvolveram sugestões personalizadas para ajudar os utilizadores cujos gostos mudam ao longo do tempo. Segundo os autores, o comportamento dos utilizadores não é constante e muda ao longo do tempo. Propuseram um modelo Markov ultra-secreto. Ao interpretar correctamente o comportamento de selecção de produtos de um utilizador, o modelo produz recomendações personalizadas. Para modelar a preferência de um utilizador, é utilizada uma sequência oculta de Markov. De acordo com os autores, o modelo proposto tem um desempenho superior aos algoritmos actuais quando os dados são escassos e as expectativas do utilizador mudam.

Em 2013, Yue Shi et al. sugeriram a classificação em recomendações. Como resultado do aumento da filtragem colaborativa, surgiu a necessidade de aprender a classificar (CF). O sistema de classificação tem o potencial de melhorar significativamente a classificação das recomendações do topo-N. Os autores delinearam os conceitos-chave das diferentes abordagens de aprendizagem de classificação e mostraram como estas estratégias podem ser aplicadas a métodos particulares de classificação de CF.

A teoria um-a-um, que afirma que cada cliente é autónomo e tem apenas uma conta, é seguida por estratégias de CF. A recomendação CF, contudo, pode ser dificultada se vários utilizadores partilharem a mesma conta. A CARS pode ser capaz de resolver o problema se houver informação contextual disponível. Deve, no entanto, ser demonstrada e clarificada no contexto [87]. Sem conhecer o contexto, o autor sugeriu a resolução do problema com contas mútuas top N, um esquema de recomendação de filtragem colectiva baseado no item top N. Com base no feedback binário positivo, o algoritmo produz sugestões. Os resultados dos seus estudos mostram que os seus métodos podem resolver problemas de contas partilhadas através de uma vasta gama de conjuntos de dados.

ExcUseMe[88] é o único sistema de recomendação baseado em CF que tenta evitar o problema de arranque a frio sem depender de filtragem de conteúdo ou de dados de fundo. Os autores acreditam que as transacções dos utilizadores chegam numa ordem aleatória, e que o sistema determina se novos utilizadores podem ou não empenhar-se na descoberta de artigos recém-lançados. O ExcUseMe identifica os consumidores que provavelmente estarão envolvidos em novos artigos ao longo do tempo. As necessidades dos consumidores são tidas em conta no desenvolvimento de novos produtos. Para a questão do arranque a frio, [68] fornece uma garantia provável. Os cientistas utilizaram a factorização matricial. A estimativa do erro é também provada teoricamente [88].

Os Métodos Reclusivos foram o tema dos Sistemas Recomendados.

A filtragem colaborativa baseia-se claramente na descoberta de semelhanças entre os utilizadores, como demonstrado pela discussão anterior. Não é importante mostrar uma representação dos objectos para fazer uma sugestão. A abordagem reclusiva, ao contrário da filtragem colaborativa, tira partido do isolamento.

Considere o seguinte cenário, como mostrado na Figura 2. 2. Para cinco televisões separadas, é retratada a abordagem reclusiva de um utilizador. O cliente adquiriu ou acrescentou TV1, TV2, e TV3 ao seu carrinho de compras. Os canais de televisão TV4 e TV5 são novos para a indústria. A TV5 tem as mesmas características que a TV1, com a excepção de que a TV4 tem representações diferentes. Como consequência da abordagem reclusiva, também conhecida como "recomendação orientada para o conteúdo ou baseada em características", o utilizador seria recomendado a TV5 em vez da TV4.

As abordagens recomendadas de técnicas reclusivas, incluindo as técnicas CF, podem ser divididas em três categorias: As três abordagens são baseadas em heurísticas, baseadas em modelos, e baseadas na mineração pela Internet. Utilizando vários algoritmos de aprendizagem de máquinas, técnicas de classificação tais como redes Bayesianas (BNs), e abordagens probabilísticas, o método Reclusive utiliza abordagens baseadas em modelos para agrupar as preferências dos clientes com base na qualidade dos artigos adquiridos. As abordagens heurísticas, por outro lado, utilizam uma variedade de técnicas de mineração de dados, tais como agrupamento, árvores de decisão, inferência de regras, etc., para extrair características do produto e recomendar a que melhor corresponde às preferências do utilizador. A mineração de opinião é uma classificação distinta, uma vez que é frequentemente utilizada para caracterizar as características dos artefactos. As revisões e os dados de registo dos clientes ajudam a chegar a um consenso sobre as características de um artigo, tais como se este pode ou não satisfazer as necessidades do utilizador.

Kim et al. [81] utilizaram a árvore de decisão para personalizar os anúncios web de um utilizador. De acordo com os escritores, os clientes podem receber recomendações personalizadas baseadas nos seus hábitos de compra anteriores.

Em [96], James e Nick desenvolveram um agente recomendador de filmes. (http://www.filmrecommendations.co.uk/). Para fazer sugestões aos utilizadores, são incluídos novos filmes, e o método proposto permite previsões baseadas em conteúdos que relacionam as características associadas a um filme, tais como actores, realizadores, histórias, e assim por diante. Como consequência da sua rigorosa abordagem reclusiva, a exactidão dos autores melhorou.

Kazai et al. desenvolveram uma aplicação para smartphone que pode aprender sobre os desejos de um utilizador com base em compras anteriores ou na consciência da actividade das redes sociais [97]. A aplicação permite aos utilizadores acederem a conteúdos com origem em multidões. Os utilizadores poderão também ver o conteúdo gerado pelos utilizadores que seguem no Twitter através da aplicação.

Os investigadores têm tradicionalmente utilizado o perfil dos utilizadores para o modelar para armazenar os seus interesses. A característica ou o conteúdo do artigo é compatível com estas preferências. Se as necessidades do utilizador e as características do produto corresponderem, o artigo é recomendado ao consumidor. K. Lang [98] resolveu o problema da dependência do utilizador através da definição do perfil das preferências do utilizador. Lang propôs a estratégia "Newsweeder", que permite aos utilizadores classificar as notícias que leram numa escala de 1-5. Isto irá ajudar o consumidor com a sua próxima recomendação de notícias. Pazzani[71] propôs um método exclusivo baseado em modelos para a recuperação do perfil do utilizador relacionado com a sua compra. Os autores recomendam a utilização de métodos CF e demográficos, bem como uma combinação dos três, para uma recomendação mais poderosa.

Uma interface de utilizador para dispositivos de informação sem fios é desenvolvida utilizando o feedback do utilizador [101]. O modelo de aprendizagem das expectativas do utilizador é enquadrado para assuntos correntes através da imprensa. Foi desenvolvida uma técnica de aprendizagem de máquinas baseada numa abordagem reclusiva. Os autores acreditam que o seu sistema responderia às preferências articuladas dos utilizadores. Além disso, os métodos reduzem o tamanho dos dados, permitindo aos utilizadores poupar tempo na obtenção da informação de que necessitam.

Uma vez que a abordagem reclusa tenta recomendar coisas de que o cliente já tem conhecimento. Como consequência, a superespecialização torna-se um problema. Para além disso, os autores [102] sugeriram um mecanismo para lidar com a superespecialização. Para começar, os investigadores analisaram os gostos dos clientes antes de os combinar com artigos recém-lançados em sites de compras.

Bansal [103] sugeriu o perfil do utilizador com base no conteúdo. A estrutura sugere tópicos para notícias e posts em blogues. A recomendação é apoiada por uma abordagem com valor de comentário baseada na modelação de tópicos. Uma nova abordagem de modelação hierárquica Bayesiana é combinada com a metodologia tradicional de recomendação. Os perfis dos utilizadores desempenham um papel importante no fornecimento de classificações personalizadas para os leitores de artigos dignos de comentário na abordagem baseada no conteúdo. Sem a necessidade de meta-dados adicionais, a arquitectura trata de questões de arranque a frio.

As técnicas de extracção de dados da Web são extremamente úteis para a análise de dados da Web a fim de extrair a informação desejada e realizar operações em conformidade com as especificações dos problemas. Técnicas de mineração na web, tais como a mineração de uso da web, mineração de conteúdo da web, e mineração de links, ou mineração de estrutura da web, têm sido recentemente aplicadas para recomendar tecnologia.

Cho et al. [61] propuseram um sistema de recomendação personalizado centrado na exploração mineira por Internet. Sugeriram também uma metodologia de recomendação colaborativa melhorada para um centro comercial em linha que pode melhorar a exactidão das recomendações. A escassez e a escalabilidade são também abordadas em profundidade, a fim de abordar o problema das recomendações fracas. Outra recomendação específica de Kim et al. [105] centra-se na mineração de utilização da Web. A sua estratégia está centrada em ajudar os clientes a receber sugestões apenas para os produtos que desejam adquirir. Kim et al. põem à prova os métodos sugeridos, pondo-os em prática num centro comercial coreano.

[106] discute com grande detalhe a implementação de um sistema personalizado de recomendação de produtos baseado em fluxos de cliques do utilizador. Para resolver o problema da sobrecarga de dados e fornecer aos utilizadores sugestões úteis, os autores propõem uma plataforma de recomendação baseada em mineração na Web. As técnicas de prospecção na Web são utilizadas para monitorizar os hábitos de compra dos consumidores e responder às mudanças nos seus gostos em tempo real.

Apesar de muitos estudos sobre a extracção de opinião terem sido realizados, apenas alguns resultaram em recomendações de produtos. Em [39][38], [40], os escritores realizam recomendações de produtos para electrónica baseadas no feedback dos consumidores. Liu et al. [107] propuseram uma nova abordagem de recomendação de produtos, combinando a tomada de decisões de grupo e técnicas de extracção de dados. Preocupa-se com o valor vitalício dos clientes de uma empresa (CLV). A prospecção na Web foi utilizada pelos autores de [1] para sugerir livros para compras em linha. Atribuíram pesos a estas características e classificaram estes valores para classificar as características com base nas críticas dos utilizadores e recomendaram os melhores livros de ciências informáticas. Os autores do artigo utilizaram o Google para pesquisar o livro para um assunto específico. As ligações de topo são guardadas, e todos os resultados guardados são analisados com base nas classificações dos leitores. As classificações dos livros são baseadas nas características que são obtidas a partir do feedback do utilizador.

Uma vez que o conteúdo de um programa de televisão pode ser facilmente rastreado por características do programa como o tempo de transmissão e as personagens envolvidas nos programas, entre outros, os métodos reclusos são muito úteis na recomendação de programas de televisão [78]. Abordagens reclusivas podem ajudar em certa medida com questões de sparsity e arranque a frio. Os autores sugerem abordagens reclusivas à recomendação de música para responder a estas preocupações. [108] sugerem abordagens reclusivas para lidar com a sparsity, enquanto [96] utilizaram estratégias reclusivas para lidar com problemas de arranque a frio. Apenas alguns poucos sistemas musicais foram desenvolvidos para recomendar música a um grupo particular de pessoas [15].

Sistemas recomendados centrados na filtragem demográfica. Medidas semelhantes são também utilizadas como métrica nos sistemas recomendados de filtragem demográfica. Em vez de procurar itens semelhantes de utilizadores próximos, procura semelhanças demográficas tais como idade, sexo, ocupação, e outros factores. Neste processo, o sistema guarda os dados demográficos dos consumidores, e quando um novo cliente visita o website do comerciante para comprar um produto, o sistema compara os dados demográficos dos dois utilizadores. Com base nos gostos do consumidor, o quadro recomenda bens semelhantes a novos utilizadores de idade, sexo, profissão, etc. semelhantes. A Figura 2.3 apresenta um método tradicional de recomendação do sistema de recomendação baseado em filtragem demográfica.

A figura representa quatro utilizadores diferentes; o utilizador 1 e o utilizador 2 são do mesmo país, são ambos adolescentes que estudam em França, e têm uma demografia quase idêntica. O utilizador 3 e o utilizador 4 são de diferentes partes do mundo, trabalham em campos diferentes, e têm idades variáveis. Ambos, por outro lado, são do sexo feminino. Como resultado, os utilizadores 3 e 4, bem como os utilizadores 1 e 2, diferem significativamente. Como resultado, é provável que o sistema recomende o mesmo item a um novo utilizador (digamos, utilizador 2) que partilhe muitas ou todas as características do utilizador 1 após a compra do utilizador 1 e a informação demográfica seja guardada. É também fundamental determinar que tipos de semelhanças de utilizador são desejáveis. Como já demonstrámos, existe uma diferença significativa entre o utilizador 3 e o utilizador 4. No entanto, terão preferências de compra semelhantes, uma vez que ambos são mulheres (como roupas, produtos alimentares, etc.).

Como resultado, a preferência de um utilizador poderia ser recomendada a outro com base em semelhanças demográficas parciais. Os dados demográficos podem ser úteis na definição de uma comunidade de utilizadores com gostos semelhantes aos dos produtos. LifeStyleFinder [109] foi introduzido por Krulwich et al., e utilizou 62 grupos de utilizadores pré-existentes para fazer recomendações aos utilizadores com base em outros utilizadores que pertenciam aos grupos especificados. Pazzani [71] queria obter o máximo de informação dos utilizadores com o mínimo de tempo possível, e classificou-os utilizando classificações de texto. Fizeram recomendações de restaurantes utilizando uma variedade de técnicas, incluindo colaboração, material, e dados demográficos. Chegaram à conclusão de que a demogrificação é uma coisa boa.

Laila et al. [110] sugeriram uma solução para os problemas de arranque a frio que ocorrem quando se recomenda com base no histórico de classificação de um utilizador. Fizeram sugestões a novos utilizadores que não tinham preferência prévia ou informação de classificação, combinando informação demográfica dos utilizadores com uma abordagem reclusiva e colaborativa. [10] descobriram que o conhecimento demográfico sobre os consumidores tem um impacto significativo nas recomendações dos documentos de investigação. Kim et al. [81] sugeriram um sistema de recomendação centrado na filtragem da população. Os dados são filtrados utilizando técnicas de indução de árvore de decisão e de aprendizagem de máquinas.

A implementação do sistema de recomendação dependente da informação foi ajudada pela utilização inicial de abordagens de filtragem em colaboração. Mais tarde, porém, são utilizados métodos reclusos para contribuir com uma quantidade considerável de trabalho. Os dois métodos acima referidos têm identidades distintas na classificação dos sistemas de recomendação devido à sua utilização precoce de abordagens colaborativas e reclusivas às tecnologias de recomendação. Todas as categorias se baseiam em técnicas de filtragem de informação, uma vez que o esquema de recomendação está centrado na perícia. A razão para a separação entre reclusos e colaborativos é que eles têm uma longa história de superioridade e familiaridade na produção de tecnologia de recomendação.

Qualquer abordagem de recomendação, para além dos dois métodos acima mencionados, colaborativa e reclusiva, pode ser considerada uma ferramenta baseada no conhecimento por defeito. No entanto, uma vez que a filtragem demográfica diz respeito à memória demográfica colectiva dos utilizadores, parece razoável tratá-la como um critério distinto. Os sistemas baseados no conhecimento distinguem-se dos outros sistemas pelo peso que atribuem aos dois domínios seguintes. A primeira necessidade do consumidor As seguintes são as características dos itens que são recomendados. Informação adicional fornecida pelo utilizador, de acordo com Towle e Quinn [111], pode ajudar a resolver o problema relacionado com a esparsa, bem como problemas de arranque a frio. Como consequência, em vez de uma abordagem implícita "baseada em classificações", propuseram um modelo explícito de recomendações. Os autores estabeleceram três impedimentos significativos para o desempenho sensato dos sistemas de recomendação. Os clientes não podem receber recomendações se a orientação nem sempre estiver ao nível do par, segundo, estão constantemente a chegar novos artigos, e terceiro, nem todos os produtos têm as mesmas características. Como resultado, perguntar directamente ao consumidor sobre as suas necessidades e preferências permitiria que o sistema fosse treinado para cumprir esses requisitos.

Em [112,] recomenda-se a um telespectador programas de televisão que utilizem uma abordagem baseada no conhecimento. Uma vez que a grande maioria dos RS precisa de uma classificação simples por parte dos utilizadores. É difícil combinar a classificação destes indivíduos numa única classificação consensual que seja apropriada para todos os membros de um grupo. Os autores propuseram um método para identificar interesses familiares específicos. O esquema preserva a privacidade dos desejos de uma família, por um lado, ao mesmo tempo que se adapta à evolução das preferências, por outro. O classificador é utilizado para adaptar os interesses de cada família individualmente. Apesar de os dados Meta não terem sido bem estabelecidos, o trabalho sugerido pelo autor teve uma recordação de 0,57 e uma precisão de 0,30. Em 2006, Yu et al. sugeriram um método semelhante [18]. Os autores utilizaram perfis de utilizadores para construir um quadro de recomendação de programas de televisão baseados na comunidade. A estratégia escolhida começa por combinar todos os perfis de utilizadores num só, e depois utiliza uma abordagem de recomendação para gerar uma única lista de recomendação de programas para o grupo, com base no perfil de utilizador fundido. A minimização total da distância é utilizada para avaliar os resultados. Para grupos de pessoas que vêem televisão ao mesmo tempo, esta abordagem funciona bem.

Beleza, conveniência e alojamento, bem como restaurantes bem mobilados, são frequentemente citados como factores importantes nas recomendações de turismo. Burke et al. [113], [114] propuseram o Entree, um sistema de FindMe-promocionado que recomenda restaurantes com base em abordagens baseadas no conhecimento. A fim de obter a informação desejada, os autores agruparam os conceitos de várias técnicas de recuperação que envolvem a recuperação baseada no conhecimento. RentMe é uma estrutura para fazer recomendações de apartamentos em Chicago que adere às directrizes do sistema FindMe.

- Para encontrar os melhores locais de restaurante para um grupo de pessoas, [115] recomenda a utilização de uma ferramenta de recomendação chamada "Pocket-Restaurant-finder". Considera os interesses dos membros de um partido. Além disso, a aplicação existente pode ajudar os membros do grupo na vida real e foi concebida para funcionar em qualquer quiosque para ajudar um grupo a encontrar o restaurante que melhor se adapta ao seu estado de espírito. Como forma de recomendar férias, foi sugerida uma estrutura chamada Collaborative Advisory Travel System (CATS). - SPETA [21], um sistema de recomendação que serve como guia turístico, oferecendo serviços aos visitantes com base nas suas preferências e lugares anteriores, mostra também onde estas férias podem ser gozadas. Dados relacionados com o utilizador, tais como locais actuais e anteriores, assim como preferências, podem ser incluídos no sistema proposto. Para proporcionar aos visitantes experiências agradáveis, a experiência do utilizador é reunida e combinada com métodos inovadores. Cursos de e-learning utilizando diferentes métodos foram propostos por autores em [12], [13], [116], e [118]. Os autores destes trabalhos propuseram um sistema de recomendação de cursos de pós-graduação a estudantes universitários, bem como para o ambiente de aprendizagem em linha. [117] sugere um curso para a universidade aberta na China. Para recomendar cursos a estudantes recém-inscritos, os autores de [119] utilizaram um método de aprendizagem automática.

Além disso, a literatura [120], [121], [122], [114], [123] faz a distinção entre dois tipos de sistemas baseados no conhecimento.

- Quadro recomendado centrado nos casos.
- Método recomendado com base em restrições

Numa abordagem casuística, a recomendação é vista como um problema para determinar o grau de adequação de um produto às necessidades do consumidor. Na medida em que ambos requerem descrições completas da funcionalidade dos produtos, a abordagem de recomendação baseada em casos está próxima da abordagem reclusiva. Como resultado, estas características são emparelhadas com as preferências do cliente de modo a fornecer a melhor solução para as suas necessidades e um elevado nível de satisfação do utilizador. O método de avaliação da semelhança ajuda a elevar o nível das recomendações porque as necessidades e preferências dos utilizadores não são bem conhecidas, razão pela qual a abordagem baseada em casos tem sido tão eficaz no comércio electrónico [124].

Veja o seguinte exemplo [125]. Se eu for ao mercado para comprar um frigorífico, o vendedor pode ou não conhecer as minhas preferências, dependendo de eu ter comprado previamente a eles. Porque devo voltar à loja depois de comprar um frigorífico? Não é verdade que o vendedor não tem ideia do que eu quero? Agora, se o artigo tiver um resumo, tal como a empresa a que pertence, o tamanho do frigorífico, a cor, o uso de energia, e os prazos de garantia, o vendedor poderá fornecer ao cliente o objecto que estiver mais próximo da sua escolha. Vejamos o que temos. Foi-me dado um objecto que se assemelha muito às minhas preferências, mas eu desprezo a cor. "Tudo é perfeito", diz o narrador, "mas poderia por favor mostrar-me um azul dele"? A minha recomendação ao lojista seria para um artigo equivalente em azul; com este detalhe adicional explícito, uma recomendação exacta pode ser feita com menos esforço e tempo. Quando se trata de recomendar artigos aos clientes, a orientação baseada em casos faz exactamente isso. As recomendações baseadas em casos consideram a recomendação apenas como uma questão de semelhança. Como é que o sistema encontra um produto que é o mais semelhante ao que o cliente procura, tendo em conta que a semelhança também necessita de dados e considerações específicas do domínio?

A definição de uma recomendação, que diz ao cliente por que razão as recomendações foram feitas, iria atrair os utilizadores e, em certa medida, satisfazê-los [128]. Os autores explicaram o raciocínio do conselho em vez de tentarem explicar a sugestão específica com isto em mente. No caso dos bens recomendados não satisfazerem as necessidades do cliente, o princípio irá ajudá-los a encontrar outras alternativas. As críticas compostas foram aperfeiçoadas como forma de suscitar feedback. De acordo com os criadores, as críticas que fornecem muitos exemplos ajudam os utilizadores a tomar melhores decisões.

Considerar como são feitas as recomendações do serviço de alojamento web [121] para melhor compreender as recomendações baseadas em constrangimentos. Os utilizadores devem ter preferências pessoais em termos de preço, largura de banda, e contagem de visitantes, entre outras coisas. O recomendador faz sugestões com base nas necessidades dos utilizadores que estão a ser observadas e explica porque é que estão a ser feitas. A fim de evitar ficar preso numa situação de beco sem saída, os utilizadores devem receber um substituto se o recomendador não conseguir encontrar uma solução. O exemplo acima explica melhor uma recomendação baseada em restrições [129]. Nestes sistemas de recomendação, as características do produto e a interacção da exigência do utilizador com estas características são também modeladas como restrições. As técnicas baseadas em restrições apoiariam as compras de bens que não são comprados diariamente. Numa situação de risco de vida em que não há outra escolha, os recomendadores baseados em restrições assistem os clientes sugerindo automaticamente soluções e explicando informações técnicas sobre as características do artigo.

A utilização de recomendadores baseados em restrições na indústria dos serviços financeiros é discutida em [130]. Outra aplicação financeira baseada em constrangimentos é definida em

[131]. Os autores [132] mostram como melhorar a recomendação multimédia. Baseada em restrições

CAPÍTULO - 3

METODOLOGIA DE INVESTIGAÇÃO

3.1 Lacunas Identificadas

1. Há uma ausência de experiência de avaliação do utilizador.
2. Existe uma limitação da função de partilha na redistribuição de conteúdos baseada em interesses [2].
3. O acesso ao conteúdo é facilitado por uma identidade aberta, permitindo que os utilizadores entrem em vários websites com uma única identidade (ID). Tal identidade aberta permaneceu limitada a uma plataforma direccionada e não a múltiplas plataformas paralelas [3].
4. Acesso limitado aos conteúdos, questões de interoperabilidade das plataformas e falta de segmentação de conteúdos relevantes em múltiplas plataformas.

3.2 Sistema Existente

Várias aplicações de meios de comunicação social entre plataformas foram pioneiras em ter em conta as limitações de acesso a conteúdos de uma única plataforma. A redistribuição de conteúdos baseada em interesses foi facilitada pela função "partilhar", o acesso mais fácil a múltiplas plataformas de conteúdos foi fornecido através de uma identidade aberta.
Além disso, para os utilizadores é preciso tempo, esforço e capacidade cognitiva para seguir múltiplas plataformas com igual dedicação.

3.3 Problemas no Sistema Existente

As aplicações multiplataformas continuam a ter limitações. Embora a função "partilhar" permitisse a transmissão ou duplicação de conteúdos através de várias plataformas, o lado negativo de tal abordagem era que o utilizador podia participar na distribuição de um a muitos conteúdos, mas permanecia limitado a receber conteúdos de cada plataforma separada individualmente.
O acesso ao conteúdo é facilitado por uma identidade aberta, permitindo que os utilizadores entrem em vários websites com uma única identidade (ID). Tal identidade aberta permaneceu limitada a uma plataforma direccionada e não a múltiplas plataformas paralelas.

As plataformas de agregação de conteúdo, por sua vez, fornecem aos utilizadores maiores quantidades de acesso de conteúdo, mas não suportam a interacção e a descoberta de conteúdo através de outro utilizador experiências

3.4 Sistema proposto

Conceber uma plataforma para fornecer recomendações com base no interesse do utilizador através de diferentes redes sociais.

3.5 Arquitectura do sistema

A arquitectura do sistema é a configuração razoável que define a estrutura e conduta do sistema. Na arquitectura do sistema mostrada na Figura 3.1, a gestão do conteúdo/subscrição do utilizador é feita na fase de registo. Depois, os interesses são extraídos de diferentes websites como o youtube, facebook, twitter, utilizando as API's da web, tais como o protocolo API de dados do youtube, API de solução de conteúdo público, API do Twitter JSON, respectivamente, e armazenados no repositório de extracção de informação, e depois o comportamento de navegação do utilizador é extraído e armazenado no repositório de exploração de interesses. Finalmente, a correspondência de conteúdo pode ser feita entre a extracção de informação e o repositório de extracção de informação de interesse e, finalmente, a recomendação de conteúdo é dada ao utilizador.

A arquitectura do sistema é mostrada abaixo.

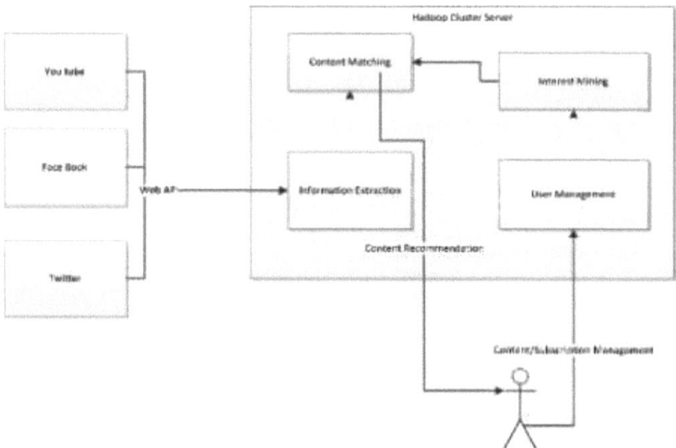

Figura 3.1 Arquitectura do sistema

Gestão de utilizadores: Aqui o Utilizador regista-se no sistema. Gerir a filtragem de conteúdos e navegar e ver conteúdos utilizando este módulo. Também este módulo implementa a lista negra de conteúdos que não correspondem aos interesses do utilizador.

Extracção de informação: O conteúdo é extraído de diferentes websites como youtube, facebook, twitter são armazenados no Repositório de Extracção de Informação.

Interesse Mineiro: Com base no comportamento de navegação do utilizador nos conteúdos, este módulo aprende o interesse do utilizador e constrói perfis de utilizador agrupando utilizadores de interesse semelhante.

Correspondência de conteúdos: Este módulo fará corresponder os conteúdos aos interesses do utilizador com base na correspondência de meta dados e também recomendação de colaboração e fornece recomendação de conteúdos ao utilizador.

Todo o sistema funcionará no Hadoop Cluster.

3.6 Diagrama de fluxo de dados

A descrição pictórica do movimento da informação através de um sistema de informação é chamada de diagrama de fluxo de dados.

Nível 0 Diagrama de fluxo de dados

Um gráfico de nível ou fluxo de informação de nível 0 demonstra a comunicação entre os operadores externos e a estrutura que se processa como dissipadores de informação e fonte de informação. Sobre a situação das ligações da estrutura com o mundo exterior são demonstradas eficazmente no que diz respeito aos fluxos de transmissão de informação acima do limite da estrutura. A representação gráfica não dá qualquer prova à sua organização interna e mostra todo o sistema como um processo unitário.

A Figura 3.2 explica o Nível 0 o histórico de navegação do conteúdo e o conteúdo dos meios de comunicação foram os dois sistemas. Os dois agentes externos foram o vector de interesse do utilizador e a recomendação para cada utilizador. O interesse e a extracção do conteúdo proporciona a interacção entre o sistema e os agentes externos.

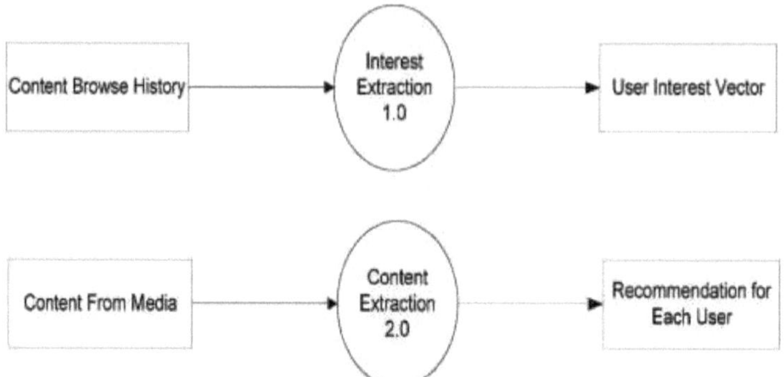

Figura 3.2: Diagrama de fluxo de dados de interesse e extracção de conteúdo do nível 0

Diagrama de fluxo de dados de nível 1

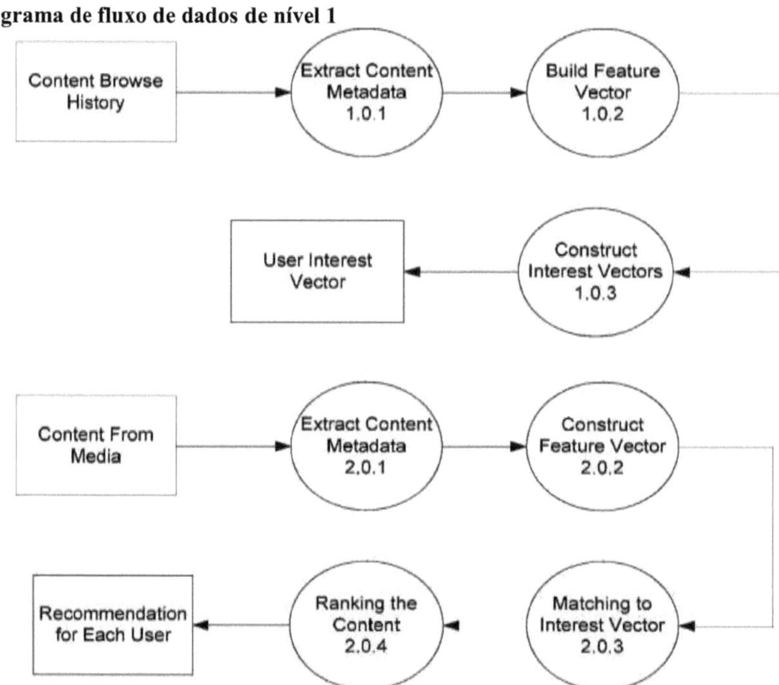

Figura 3.3: Diagrama de fluxo de dados de extracção de interesse e conteúdo de nível 1

O gráfico do fluxo de dados de Nível 1 fala da forma como a estrutura é isolada em subestrutura, cada uma das quais gere fluxos de transmissão de informação de ou para um operador externo, que em conjunto dão cada operação da estrutura como única. Demonstra informação interna e demonstra o fluxo de dados entre as diversas partes da estrutura.

A Figura 3.3 explica o histórico de navegação de nível 1 do sistema está dividido em subsistemas tais como metadados de conteúdos extraídos, vector de características de construção, vector de interesse do utilizador que, em conjunto, fornecem todas as funções do sistema como um todo.

O conteúdo do sistema a partir dos media é dividido em subsistemas tais como extrair metadados de conteúdo, construir vector de características, fazer a correspondência com o vector de interesse, classificar o conteúdo que, em conjunto, fornece todas as operações do sistema como um único e, finalmente, fornecer a recomendação ao utilizador.

3.7 Módulos Descrição

Módulo de Gestão de Conteúdos e Assinaturas

Neste módulo, a autenticação do utilizador é feita através do fornecimento de uma senha única em relação a um determinado utilizador. Este módulo explica como os ficheiros relacionados com o perfil do utilizador são armazenados na base de dados.

Módulo de Extracção de Informação

Este módulo explica como os interesses são extraídos de diferentes websites como o youtube, facebook, twitter, utilizando as API's da web como o protocolo API de dados do youtube, API de solução de conteúdo público, API JSON do Twitter, respectivamente, e armazenados no repositório de extracção de informação.

Módulo Mineiro de Interesse

Com base no comportamento de navegação do utilizador nos conteúdos, este módulo aprende o interesse do utilizador e constrói perfis de utilizador agrupando utilizadores de interesse semelhante. Os interesses dos utilizadores mudam rapidamente para que o perfil do utilizador que aprende seja actualizado automaticamente.

Módulo de Recomendação de Conteúdo

Este módulo fará corresponder o conteúdo ao interesse do utilizador com base na correspondência de meta dados e também recomendação de colaboração e fornece recomendação de conteúdo ao utilizador.

3.8 Resumo

Esta parte fornece elementos subtis de utilização dos dois subsistemas dignos de nota que são criados para esta tarefa. Com a ajuda do diagrama de fluxo de dados, indica igualmente a lógica de utilização para os diversos módulos que foram determinados no meio do plano-quadro. Paralelamente, esta parte destaca igualmente uma parte dos elementos essenciais do palco e do dialecto utilizado para a utilização, dando por último os elementos conceptuais subtis dos módulos identificados com a tarefa.

CAPÍTULO - 4

ANÁLISE DOS DADOS

RQl	O Motor de Recomendação utiliza tanto dados explícitos como implícitos
RQ2	é o problema do "arranque a frio
RQ3	Tem um comportamento histórico compatível com os novos opt-ins auto-identificados
RQ4	Existem benefícios adicionais para completar com dados da terceira parte}'.
RQ5	O Motor de Recomendação utiliza a filtragem colaborativa e a filtragem baseada no conteúdo para previsões
RQ6	Os dados sobre o envolvimento com os conteúdos recomendados são introduzidos de novo no modelo de
RQ7	Estão disponíveis estudos de casos ou dados para provar que a aprendizagem da máquina optimiza
RQ8	Todo o sistema a funcionar em tempo real de ponta a ponta
RQ9	Conteúdo recomendado capaz de ser actualizado com base em novos comportamentos, mesmo após o envio de
RQ10	O processamento em lote influencia as capacidades do sistema em tempo real
RQ11	Estão disponíveis referências de parceiros relativamente à sua experiência na criação do Motor de
RQ12	Serão necessários recursos humanos ou serviços contínuos para gerir plenamente todos os aspectos do sistema
RQ13	Existem soluções mais leves que possam satisfazer as nossas necessidades comerciais mais rapidamente
RQ14	Existem estudos de casos de clientes e testemunhos relacionados com a forma como o Motor de Recomendação
RQ15	A demonstração permite-lhe explorar completamente a aplicação e é a interface fácil de compreender sem
RQ16	Existem histórias de sucesso de clientes com resultados na sua indústria ou vertical
RQ17	Os fornecedores têm experiência vertical relevante suficiente

Quadro 4.1: Tabela de frequência para indicar o tipo de empresa

		Freqüência e	Porcentagem	Válido Porcentagem	Acumulado Porcentagem
Válido	MicroEnterprises (O investimento não ultrapassa 10 Lakhs)	76	38.0	38.0	38.0
	SmallEnterprises (Investimento Entre 10 Lakhs e 2 Crores)	33	16.5	16.5	54.5
	Médias Empresas (Investimento entre 2 Crores e 5 Crores)	91	45.5	45.5	100.0
	Total	200	100.0	100.0	

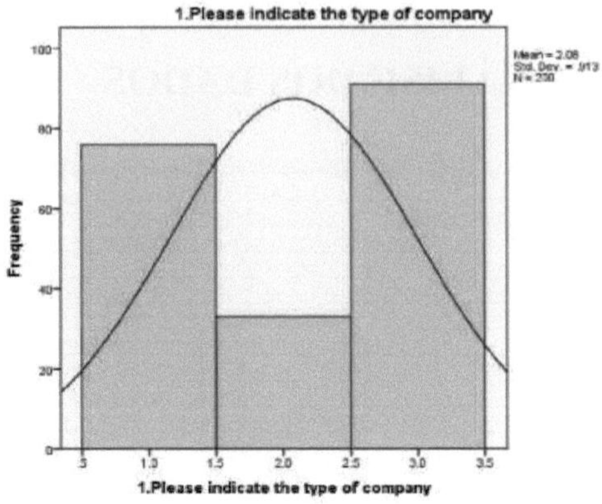

Figura 4.1: Por favor, indique o tipo de empresa.

Para a pergunta colocada para indicar o tipo de empresa, 38% pessoas responderam Microempresas (Investimento não excede 10 Lakhs), 16,5% pessoas responderam Pequenas Empresas (Investimento entre 10 Lakhs e 2 Crores), 45,5% pessoas disseram Médias Empresas (Investimento entre 2 Crores e 5 Crores)

Tabela 4.2: Tabela de frequência para indicar o número aproximado de empregados:

	Freqüência e	Porcentagem	Válido Porcentagem	Acumulado Porcentagem
1 - 10	20	10.0	10.0	10.0
11 - 50	109	54.5	54.5	64.5
Válido 51 - 100	42	21.0	21.0	85.5
101 - 500	29	14.5	14.5	100.0
Total	200	100.0	100.0	

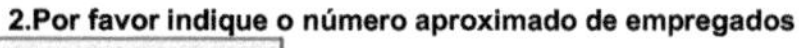

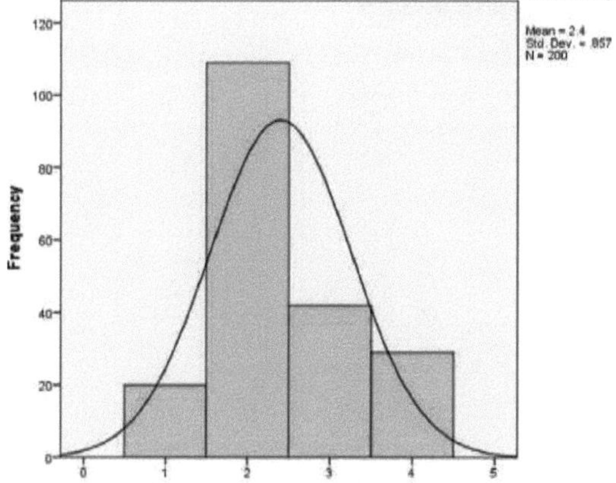

Figura 4.2:Indicar o número aproximado de empregados.

Para a pergunta colocada para indicar o número aproximado de empregados, 10% pessoas responderam 1-10 empregados, 54,5% pessoas responderam11-20 empregados, 21% pessoas disseram 51-100 empregados, 14,5% pessoas disseram 101-500 empregados.

Quadro4.3 Indique o número de turnos de trabalho por dia

	Frequência	Porcentagem	Percentagem válida	Percentagem acumulada
Válido 1	36	18.0	18.0	18.0
2	109	54.5	54.5	72.5
3	55	27.5	27.5	100.0
Total	200	100.0	100.0	

3.Por favor indique o número de turnos de trabalho por dia

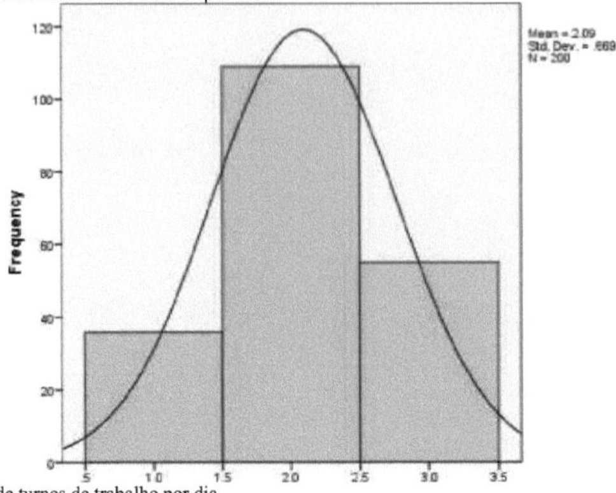

Figura 4.3: Por favor indique o número de turnos de trabalho por dia

Para a pergunta colocada Indicar o número de turnos de trabalho por dia, 18% pessoas responderam 1 turno por dia, 54,5% pessoas responderam 2 empregados por turno, 27,5% pessoas disseram 3 pessoas por turno por dia.

Quadro 4.4 Indique o volume de negócios anual aproximado da sua empresa:

		Freqüência	Porcentagem	Percentagem válida	Percentagem acumulada
Válido	Menos de 5 Lakhs	53	26.5	26.5	26.5
	5-10 Lakhs	45	22.5	22.5	49.0
	11-20 Lakhs	29	14.5	14.5	63.5
	21 - 50 Lakhs	43	21.5	21.5	85.0
	Mais de 50 Lakhs	30	15.0	15.0	100.0
	Total	200	100.0	100.0	

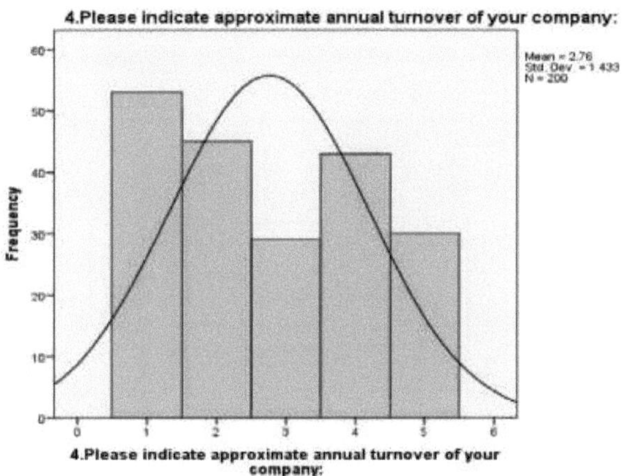

Figura 4.4: Por favor indique o volume de negócios anual aproximado da sua empresa:

Para a pergunta colocada, Indique o volume de negócios anual aproximado da sua empresa, 26,5% pessoas responderam Menos de 5 Lakhs, 22,5% pessoas responderam 5-10 Lakhs1, 4,5% pessoas disseram 11-20 Lakhs, 21,5% pessoas disseram 21-50 Lakhs, 15,0% pessoas responderam 5-10 Lakhs.

Quadro 4.5 Favor indicar o crescimento médio anual do volume de negócios:

	Freqüência e	Porcentagem	Percentagem válida	Percentagem acumulada
5 - 10%	31	15.5	15.5	15.5
10 - 15%	75	37.5	37.5	53.0
VIM15 - 20%	74	37.0	37.0	90.0
Válido MAIS DE 20%	20	10.0	10.0	100.0
Total	200	100.0	100.0	

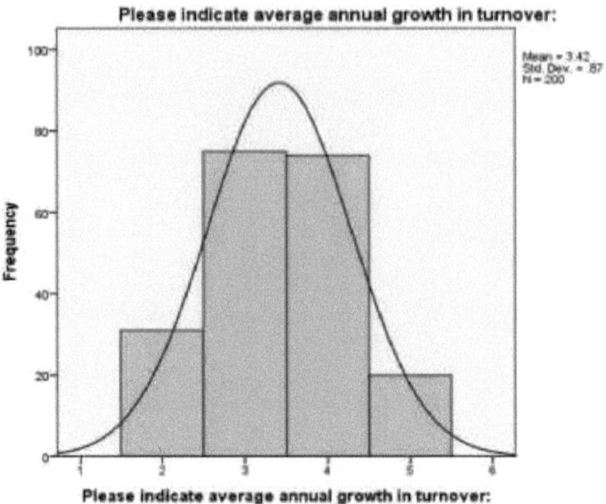

Figura 4.5: Por favor, indique o volume de negócios anual aproximado da sua empresa

Para a pergunta colocada Indicar o crescimento médio anual do volume de negócios, 15,5% pessoas responderam 5-10%, 37,5% pessoas responderam 10 - 15%, 37,0% pessoas disseram 15 - 20%, 10,0% pessoas disseram MAIS de 20%.

Quadro 4.6: Por favor indique a percentagem média do seu volume de negócios para o mercado de exportação:

	Freqüência e	Porcentagem	Válido Porcentagem	Acumulado Porcentagem
0 - 5%	94	47.0	47.0	47.0
5 - 10%	53	26.5	26.5	73.5
10 - 15%	29	14.5	14.5	88.0
Válido 15 - 20%	12	6.0	6.0	94.0
Mais de 20%	12	6.0	6.0	100.0
Total	200	100.0	100.0	

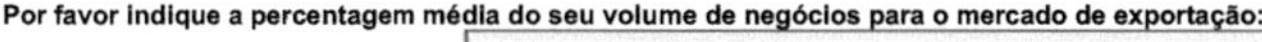

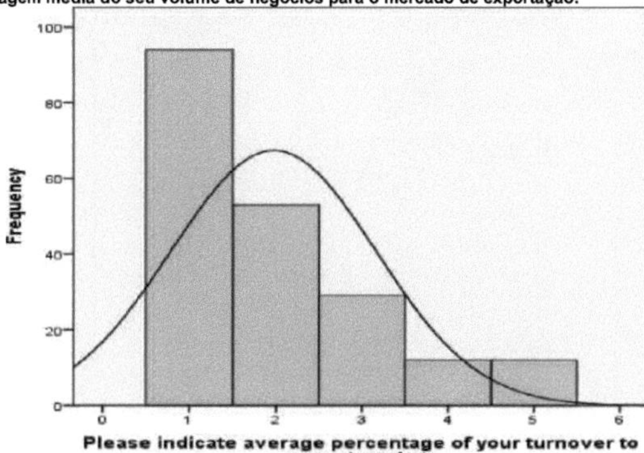

Figura 4.6: Por favor indique a percentagem média do seu volume de negócios para o mercado de exportação

Para a pergunta colocada para indicar a percentagem média do seu volume de negócios para o mercado de exportação: 47,0% pessoas disseram 0 - 5%, 26,5% pessoas disseram 5 - 10%, 14,5% disseram 10 - 15%, 6,0% pessoas disseram 15 - 20%,%, 6,0% pessoas disseram Mais de 20%.

Quadro 4.7: Favor indicar o crescimento médio anual da quota de mercado:

	Freqüência e	Porcentagem	Percentagem válida	Percentagem acumulada
0 - 5%	72	36.0	36.0	36.0
5 - 10%	74	37.0	37.0	73.0
VIM 10 - 15% Válido	42	21.0	21.0	94.0
Mais de 20%	12	6.0	6.0	100.0
Total	200	100.0	100.0	

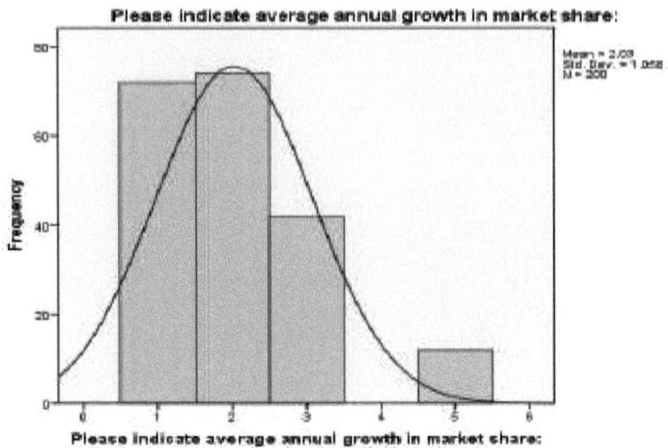

Figura 4.7: Por favor indique a percentagem média do seu volume de negócios para o mercado de exportação

Para a pergunta colocada, por favor indique o crescimento médio anual da quota de mercado: 36,0% pessoas disseram 0 - 5%, 37,0% pessoas disseram 5 - 10%, 21,0% disseram 10 - 15%, 6,0% pessoas disseram Mais de 20%.

Quadro 4.8: Por favor indique o número médio de novos produtos desenvolvidos de dois em dois anos pela Empresa

	Frequência	Porcentagem	Percentagem válida	Percentagem acumulada
1	41	20.5	20.5	20.5
2	16	8.0	8.0	28.5
3	51	25.5	25.5	54.0
Válido4	12	6.0	6.0	60.0
Mais de 4	80	40.0	40.0	100.0
Total	200	100.0	100.0	

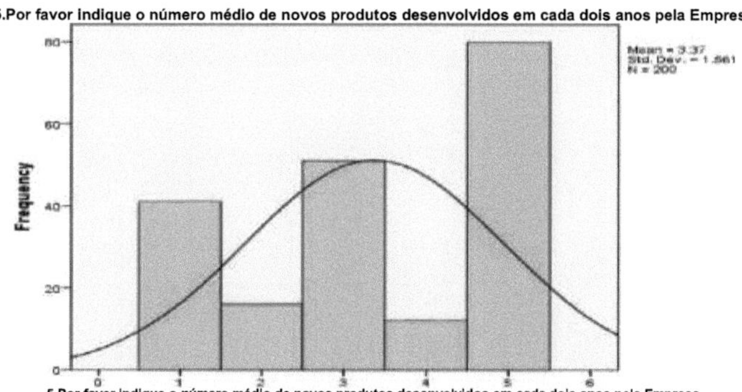

Figura 4.8: Por favor indique a percentagem média do seu volume de negócios para o mercado de exportação

Para a pergunta colocada Indique o número médio de novos produtos desenvolvidos em cada dois anos pela Empresa, 20,5% pessoas disseram 1 produto, 8,0% pessoas disseram 2 produtos, 25,5% disseram 3 produtos, 6,0% pessoas disseram 4 produtos, , 40,0% pessoas disseram mais de 4 produtos, .

Quadro 4.9: Estão os clientes satisfeitos

	Frequência	Porcentagem	Percentagem válida	Percentagem acumulada
SIM	102	51.0	51.0	51.0
Válido NÃO	98	49.0	49.0	100.0
Total	200	100.0	100.0	

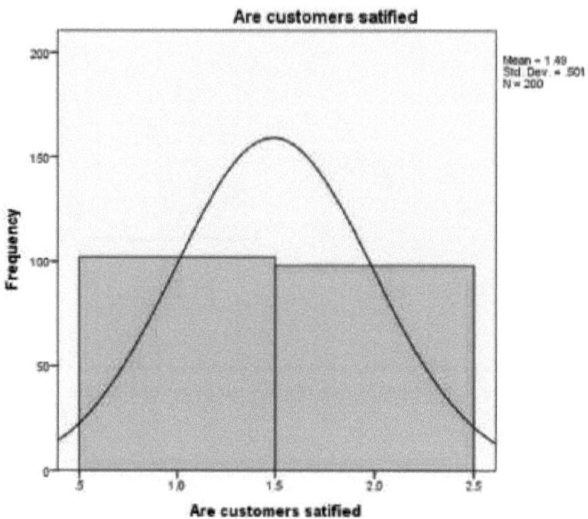

Figura 4.9: Por favor indique a percentagem média do seu volume de negócios para o mercado de exportação

Para a pergunta "Are customers satified" , 51% pessoas disseram SIM, 49,0% pessoas disseram NÃO.

Tabela 4.10: A experiência é superior a 5 anos

	Frequência	Porcentagem	Percentagem válida	Percentagem acumulada
SIM	46	23.0	23.0	23.0
NÃO	39	19.5	19.5	42.5
3 Válido	33	16.5	16.5	59.0
4	37	18.5	18.5	77.5
5	45	22.5	22.5	100.0
Total	200	100.0	100.0	

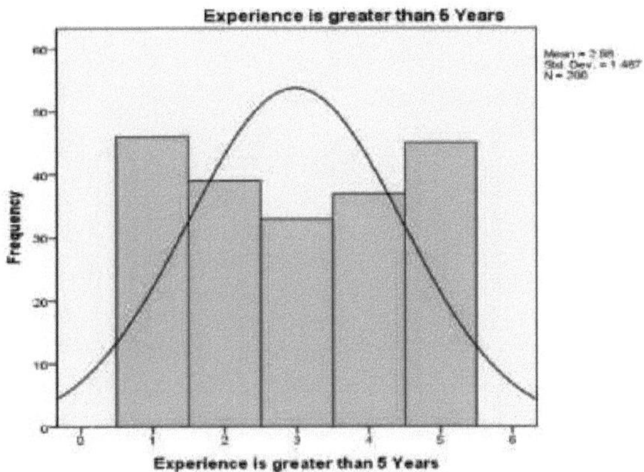

Figura 4.10: Por favor indique a percentagem média do seu volume de negócios para o mercado de exportação

Para a pergunta feita A experiência é superior a 5 anos, 23% pessoas disseram SIM, 19,5% pessoas disseram NÃO. 16,5% as pessoas disseram 3 pessoas, 18,5% as pessoas disseram 4 pessoas, 22,5% as pessoas disseram 5 pessoas,

Tabela 4.11: RQ1

	Freqüência e	Porcentagem	Percentagem válida	Percentagem acumulada
Concordam fortemente	56	28.0	28.0	28.0
Concorda	35	17.5	17.5	45.5
Neutro	42	21.0	21.0	66.5
ValidDisagree	35	17.5	17.5	84.0
Fortemente Discordar	32	16.0	16.0	100.0
Total	200	100.0	100.0	

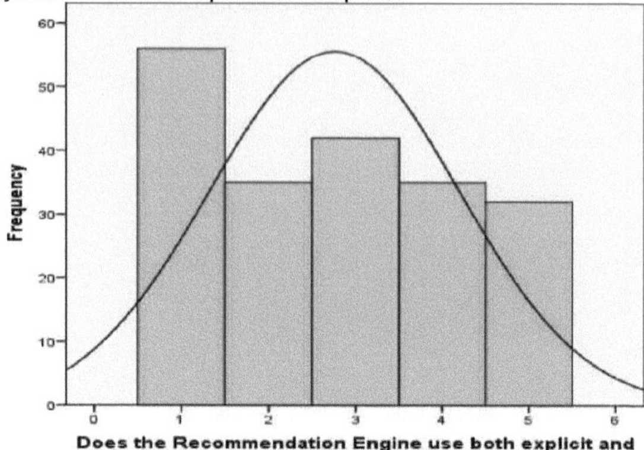

Figura 4.11: Por favor indique a percentagem média do seu volume de negócios para o mercado de exportação

Para a pergunta feita ao RQ1 , 28% pessoas disseram Concordar Fortemente, 17,5% pessoas disseram Concordar. 21% pessoas disseram Neutro, 35% pessoas disseram Discorda, 32% pessoas disseram Fortemente.

Tabela 4.12: RQ2

		Freqüência	Porcentagem	Percentagem válida	Percentagem acumulada
Válido	Concordam	42	21.0	21.0	21.0
	fortemente	29	14.5	14.5	35.5
	Neutro	45	22.5	22.5	58.0
	Discordar	32	16.0	16.0	74.0
	Fortemente Discordar	52	26.0	26.0	100.0
	Total	200	100.0	100.0	

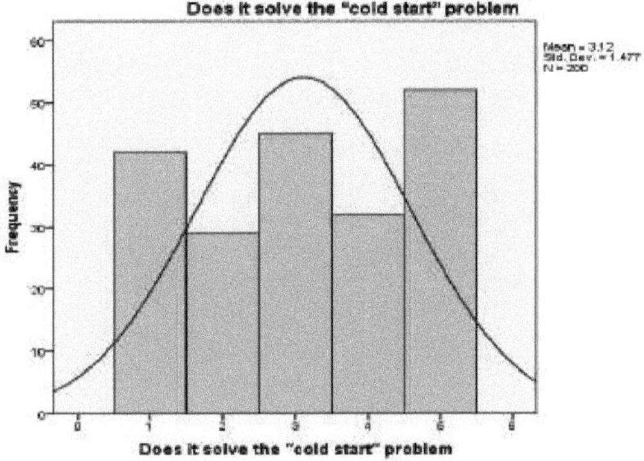

Figura 4.12: RQ2

Para a pergunta colocada ao RQ2 , 21% pessoas disseram Concordo Fortemente, 14,5% pessoas disseram Concordo, 22,5% pessoas disseram Neutro, 16% pessoas disseram Discordo, 26% pessoas disseram Discordo Fortemente.

Tabela 4.13: RQ3

		Freqüência e	Porcentag em	Percentagem válida	Percentagem acumulada
	Concordam	43	21.5	21.5	21.5
	fortemente	43	21.5	21.5	43.0
	Neutro	36	18.0	18.0	61.0
Válido	Discordar	40	20.0	20.0	81.0
	Fortemente	38	19.0	19.0	100.0
	Discordar				
	Total	200	100.0	100.0	

Tem um comportamento histórico compatível com a nova auto-identificação intitulada opt-ins

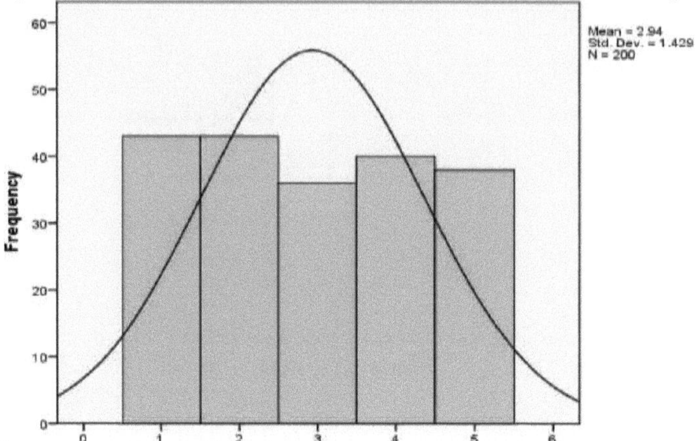

Figura 4.13: RQ3

Para a pergunta feita RQ3 , 21,5% pessoas disseram Concordo Fortemente, 21,5% pessoas disseram Concordo, 18% pessoas disseram Neutro, 20% pessoas disseram Discordo, 19% pessoas disseram Discordo Fortemente.

Tabela 4.14: RQ4

	Freqüência e	Porcentagem	Válido Porcentagem	Acumulado Porcentagem
Concordam fortemente	41	20.5	20.5	20.5
Concorda	46	23.0	23.0	43.5
Neutro	47	23.5	23.5	67.0
Discordância válida	31	15.5	15.5	82.5
Discordar fortemente	35	17.5	17.5	100.0
Total	200	100.0	100.0	

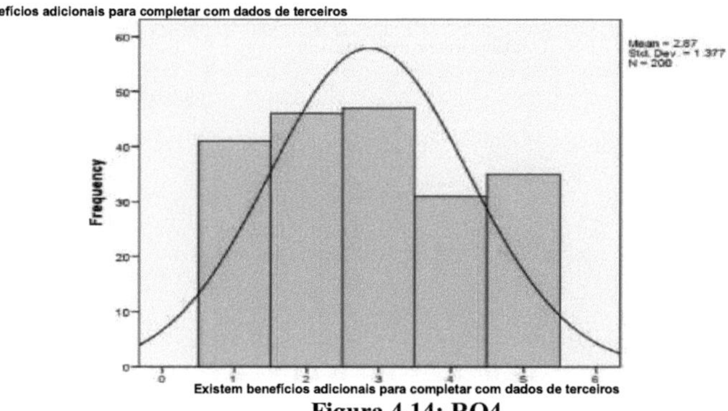

Figura 4.14: RQ4

Para a pergunta colocada ao RQ4 , 20,5% pessoas disseram Concordo Fortemente, 20% pessoas disseram Concordo, 23,5% pessoas disseram Neutro, 15,5% pessoas disseram Discordo, 17,5% pessoas disseram Discordo Fortemente.

Tabela 4.15: RQ5

	Freqüência	Porcentagem	Percentagem válida	Percentagem acumulada
Concordam fortemente	49	24.5	24.5	24.5
Concorda	33	16.5	16.5	41.0
Neutro	37	18.5	18.5	59.5
ValidDisagree	40	20.0	20.0	79.5
Fortemente Discordar	41	20.5	20.5	100.0
Total	200	100.0	100.0	

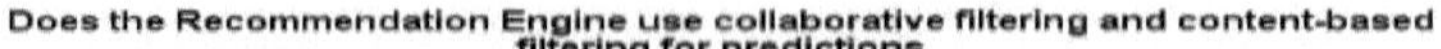

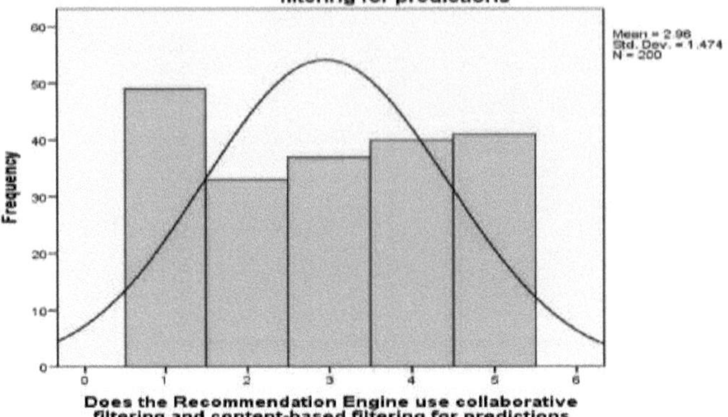

Figure 4.15: RQ5

Para a pergunta colocada ao RQ5 , 24,5% pessoas disseram Concordo Fortemente, 16,5% pessoas disseram Concordo, 18,5% pessoas disseram Neutro, 20% pessoas disseram Discordo, 20,5% pessoas disseram Discordo Fortemente.

Tabela 4.16: RQ6

		Freqüência	Porcentagem	Percentagem válida	Percentagem acumulada
Válido	Concordam	45	22.5	22.5	22.5
	fortemente	42	21.0	21.0	43.5
	Neutro	34	17.0	17.0	60.5
	Discordar	43	21.5	21.5	82.0
	Fortemente Discordar	36	18.0	18.0	100.0
	Total	200	100.0	100.0	

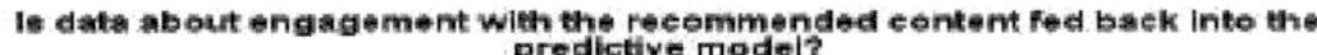

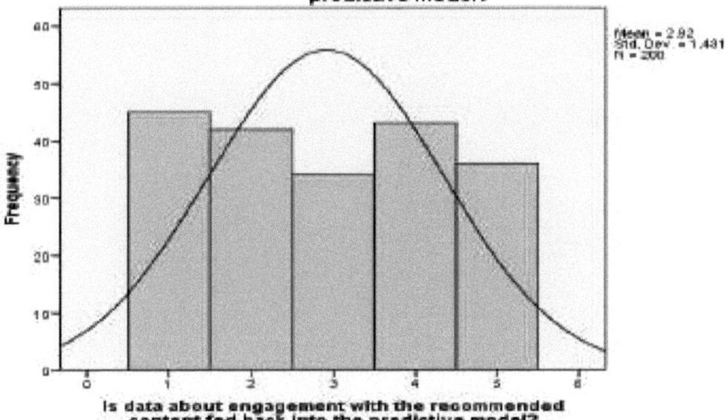

Figura 4.16: RQ6

Para a pergunta colocada ao RQ6 , 22,5% pessoas disseram Concordo Fortemente, 21% pessoas disseram Concordo, 17% pessoas disseram Neutro, 21,5% pessoas disseram Discordo, 18% pessoas disseram Discordo Fortemente.

Tabela 4.17: RQ7

		Freqüência e	Porcentagem	Percentagem válida	Percentagem acumulada
	Concordam	45	22.5	22.5	22.5
	fortemente	31	15.5	15.5	38.0
	Neutro	30	15.0	15.0	53.0
Válido	Discordar	46	23.0	23.0	76.0
	Fortemente Discordar	48	24.0	24.0	100.0
	Total	200	100.0	100.0	

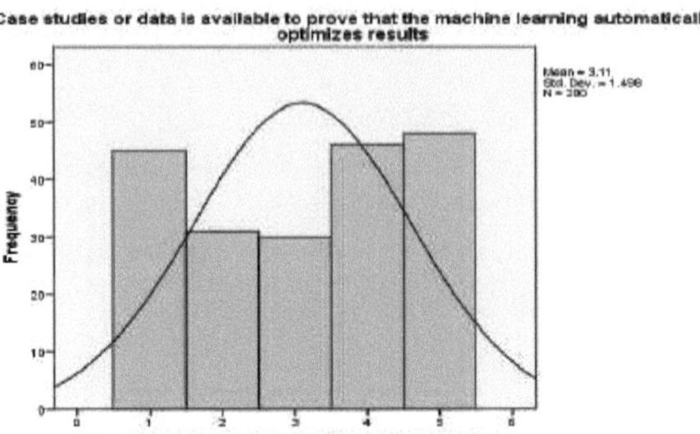

Figura 4.17: RQ7

Para a pergunta feita RQ7 , 22,5% pessoas disseram Concordo Fortemente, 15,5% pessoas disseram Concordo, 15% pessoas disseram Neutro, 23% pessoas disseram Discordo, 24% pessoas disseram Discordo Fortemente.

Tabela 4.18: RQ8

		Freqüência e	Porcentagem	Percentagem válida	Percentagem acumulada
Válido	Concordam fortemente	30	15.0	15.0	15.0
		41	20.5	20.5	35.5
	Neutro	41	20.5	20.5	56.0
	Discordar	43	21.5	21.5	77.5
	Fortemente Discordar	45	22.5	22.5	100.0
	Total	200	100.0	100.0	

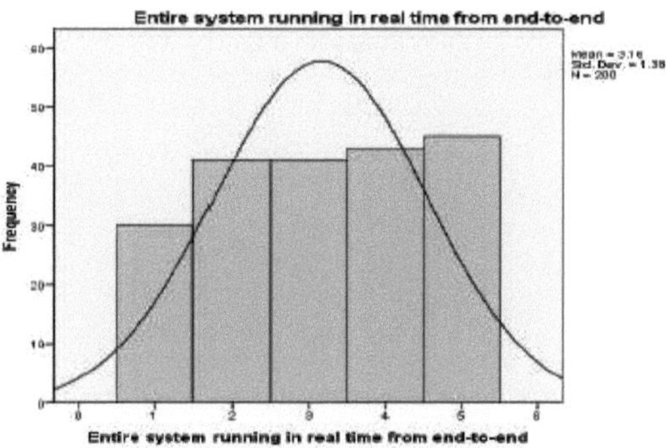

Figura 4.18: RQ8

Para a pergunta RQ8 , 15% pessoas disseram Concordo Fortemente, 20,5% pessoas disseram Concordo., 20,5% pessoas disseram Neutro, 21,5% pessoas disseram Discordo, 22,5% pessoas disseram Discordo Fortemente.

Tabela 4.19: RQ9

		Freqüência e	Porcentagem	Percentagem válida	Percentagem acumulada
Válido	Concordam	41	20.5	20.5	20.5
	fortemente	40	20.0	20.0	40.5
	Neutro	48	24.0	24.0	64.5
	Discordar	36	18.0	18.0	82.5
	Fortemente Discordar	35	17.5	17.5	100.0
	Total	200	100.0	100.0	

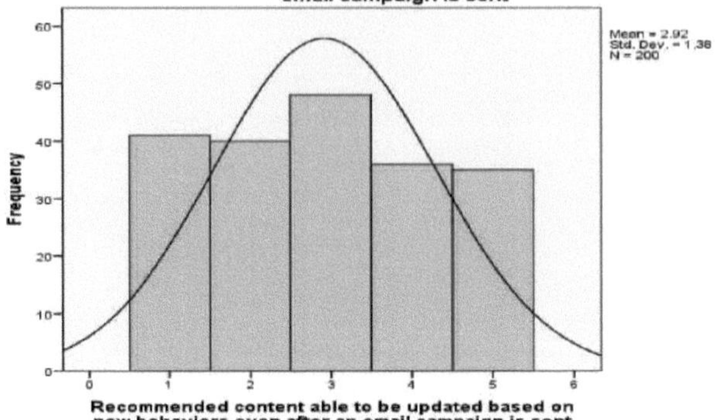

Figura 4.19: RQ9

Para a pergunta RQ9 , 20,5% pessoas disseram Concordo Fortemente, 20% pessoas disseram Concordo, 24% pessoas disseram Neutro, 18% pessoas disseram Discordo, 17,5% pessoas disseram Discordo Fortemente.

Tabela 4.20: RQ10

	Freqüência e	Porcentagem	Percentagem válida	Percentagem acumulada
Concordam fortemente	43	21.5	21.5	21.5
Concorda	44	22.0	22.0	43.5
Neutro	39	19.5	19.5	63.0
ValidDisagree	44	22.0	22.0	85.0
Fortemente Discordar	30	15.0	15.0	100.0
Total	200	100.0	100.0	

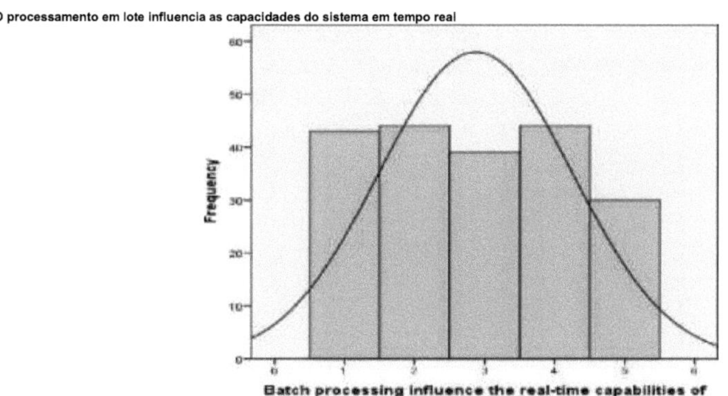

Figura 4.20: RQ10

Para a pergunta RQ10 , 21,5% pessoas disseram Concordo Fortemente, 22% pessoas disseram Concordo., 19,5% pessoas disseram Neutro, 22% pessoas disseram Discordo, 15% pessoas disseram Discordo Fortemente.

Tabela 4.21: RQ11

		Freqüência e	Porcentag em	Percentagem válida	Percentagem acumulada
Válido	Concordam fortemente	47	23.5	23.5	23.5
		38	19.0	19.0	42.5
	Neutro	38	19.0	19.0	61.5
	Discordar	35	17.5	17.5	79.0
	Fortemente Discordar	42	21.0	21.0	100.0
	Total	200	100.0	100.0	

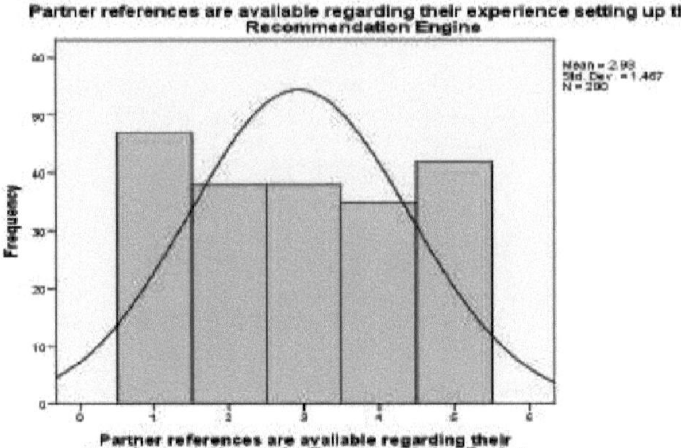

Figura 4.21: RQ11

Para o RQ11 , 23,5% pessoas disseram Concordo Fortemente, 19% pessoas disseram Concordo., 19% pessoas disseram Neutro, 17,5% pessoas disseram Discordo, 21% pessoas disseram Discordo Fortemente.

Tabela 4.22: RQ12

		Freqüência e	Porcentagem	Percentagem válida	Percentagem acumulada
Válido	Concordam	33	16.5	16.5	16.5
	fortemente	34	17.0	17.0	33.5
	Neutro	38	19.0	19.0	52.5
	Discordar	55	27.5	27.5	80.0
	Fortemente Discordar	40	20.0	20.0	100.0
	Total	200	100.0	100.0	

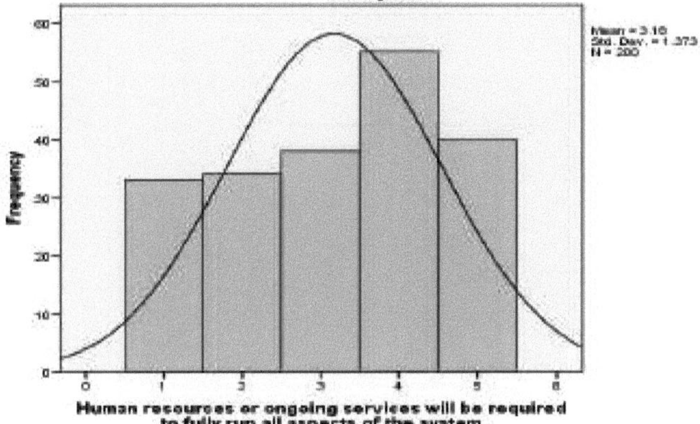

Figura 4.22: RQ12

Para o RQ12 , 16,5% pessoas disseram Concordar Fortemente, 17% pessoas disseram Concordar, 19% pessoas disseram

Neutro, 27,5% pessoas disseram Discordo, 20% pessoas disseram Discordo fortemente

Tabela 4.23: RQ13

		Freqüência	Porcentagem	Percentagem válida	Percentagem acumulada
	Concordam	38	19.0	19.0	19.0
	fortemente	48	24.0	24.0	43.0
	Neutro	49	24.5	24.5	67.5
Válido	Discordar	36	18.0	18.0	85.5
	Fortemente Discordar	29	14.5	14.5	100.0
	Total	200	100.0	100.0	

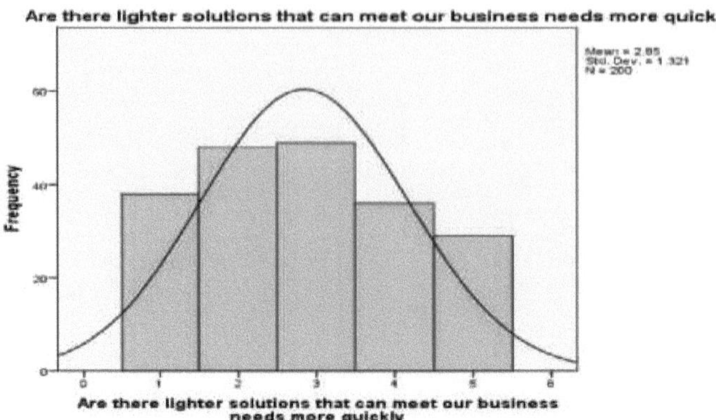

Figura 4.23: RQ13

Para o RQ13 , 19% pessoas disseram Concordar Fortemente, 24% pessoas disseram Concordar, 24,5% pessoas disseram

Neutro, 18% pessoas disseram Discordo, 14,5% pessoas disseram Discordo fortemente.

Tabela 4.24: RQ14

		Freqüência	Porcentagem	Percentagem válida	Percentagem acumulada
Válido	Concordam fortemente	39	19.5	19.5	19.5
		41	20.5	20.5	40.0
	Neutro	35	17.5	17.5	57.5
	Discordar	41	20.5	20.5	78.0
	Fortemente Discordar	44	22.0	22.0	100.0
	Total	200	100.0	100.0	

Existem estudos de casos de clientes e testemunhos relacionados com a forma como o Recommendation Engine works

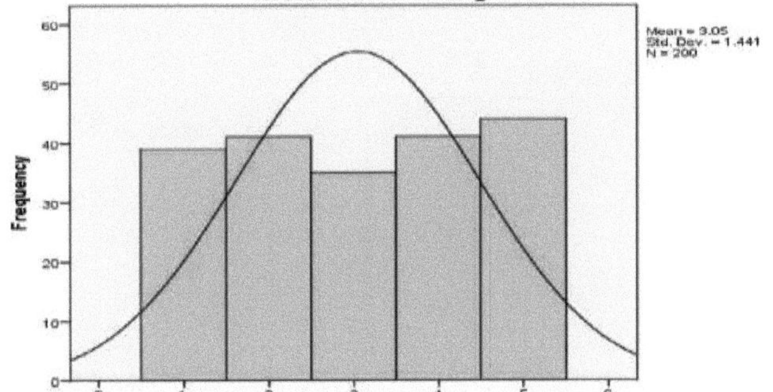

Existem estudos de casos de clientes e testemunhos relacionados com a forma como o Motor de Recomendação funciona

Figura 4.24: RQ14

Para o RQ14 , 19,5% pessoas disseram Concordar Fortemente, 20,5% pessoas disseram Concordar, 17,5,5% pessoas disseram

Neutro, 20,5% pessoas disseram Discordo, 22% pessoas disseram Discordo fortemente.

Tabela 4.25: RQ15

		Freqüência	Porcentagem	Percentagem válida	Percentagem acumulada
	Concordam	50	25.0	25.0	25.0
	fortemente	37	18.5	18.5	43.5
	Neutro	45	22.5	22.5	66.0
Válido	Discordar	27	13.5	13.5	79.5
	Fortemente Discordar	41	20.5	20.5	100.0
	Total	200	100.0	100.0	

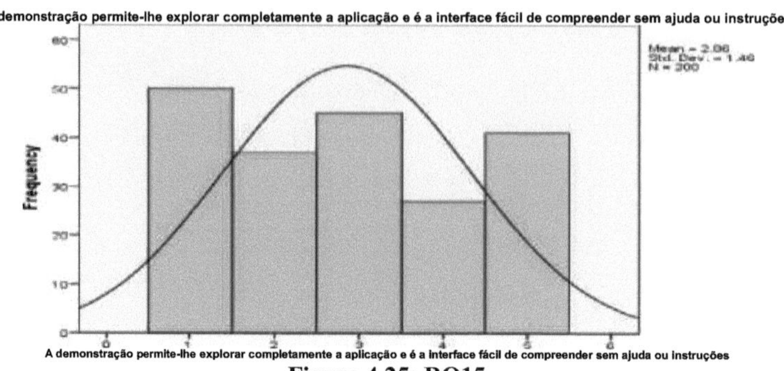

Figura 4.25: RQ15

Para o RQ15 25% pessoas disseram Concordar Fortemente, 18,5% pessoas disseram Concordar. 22,5% as pessoas disseram

Neutro, 13,5% pessoas disseram Discordo, 20,5% pessoas disseram Discordo fortemente.

Tabela 4.26: RQ16

		Freqüência e	Porcentagem	Percentagem válida	Percentagem acumulada
Válido	Concordam	33	16.5	16.5	16.5
	fortemente	47	23.5	23.5	40.0
	Neutro	37	18.5	18.5	58.5
	Discordar	41	20.5	20.5	79.0
	Fortemente	42	21.0	21.0	100.0
	Discordar				
	Total	200	100.0	100.0	

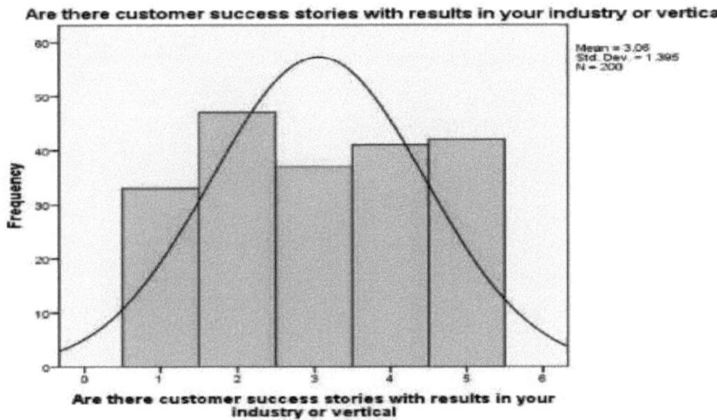

Figura 4.26: RQ15

Para o RQ16 , 16,5% pessoas disseram Concordar Fortemente, 23,5% pessoas disseram Concordar, 18,5% pessoas disseram

Neutro, 20,5% pessoas disseram Discordo, 21% pessoas disseram Discordo fortemente.

Tabela 4.27: RQ17

		Freqüência e	Porcentagem	Percentagem válida	Percentagem acumulada
	Concordam	44	22.0	22.0	22.0
	fortemente	50	25.0	25.0	47.0
	Neutro	39	19.5	19.5	66.5
Válido	Discordar	35	17.5	17.5	84.0
	Fortemente Discordar	32	16.0	16.0	100.0
	Total	200	100.0	100.0	

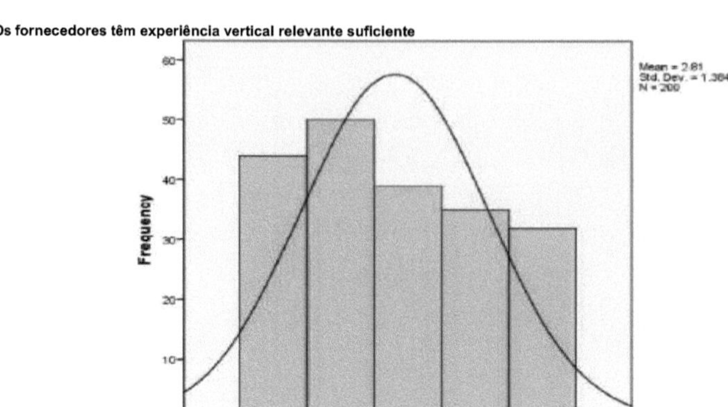

Figura 4.27: RQ17

Para o RQ17 , 22% pessoas disseram Concordar Fortemente, 25% pessoas disseram Concordar, 19,5% pessoas disseram

Neutro, 17,5% pessoas disseram Discordo, 16% pessoas disseram Discordo fortemente.

Quadro 4.28: TESTE CHISQUARE

Estatística descritiva					
	N	Média	Std. Desvio	Minimu m	Maximu m
1Indique por favor o tipo de empresa	200	2.08	.913	1	3
2. Por favor, indique o número aproximado de empregados:	200	2.40	.857	1	4
3. Favor indicar o número de turnos de trabalho por dia	200	2.10	.669	1	3
4.Por favor, indique volume de negócios anual aproximado da sua empresa:	200	2.76	1.433	1	5
4.1 Favor indicar o crescimento médio anual do volume de negócios:	200	3.42	.870	2	5
4.2 Por favor, indique a percentagem média do seu volume de negócios para o mercado de exportação:	200	1.98	1.184	1	5
4.3 Favor indicar o crescimento médio anual da quota de mercado:	200	2.03	1.056	1	5
5. Favor indicar o número médio de novos produtos desenvolvidos em cada dois anos pela Empresa	200	3.37	1.561	1	5
5.1 São clientes satificados	200	1.49	.501	1	2
5.2 A experiência é superior a 5 anos	200	2.98	1.487	1	5
5.3 RQ1	200	2.76	1.436	1	5
5.4 RQ2	200	3.12	1.477	1	5
5.5 RQ3	200	2.94	1.429	1	5
5.6 RQ4	200	2.87	1.377	1	5
5.7 RQ5	200	2.96	1.474	1	5
5.8 RQ6	200	2.92	1.431	1	5
5.9 RQ7	200	3.11	1.498	1	5
5.10 RQ8	200	3.16	1.380	1	5
5.11 RQ9	200	2.92	1.380	1	5
5.12 RQ10	200	2.87	1.376	1	5
5.13 RQ11	200	2.94	1.467	1	5

5.14 RQ12	200	3.18	1.373	1	5
5.15RQ13	200	2.85	1.321	1	5
5.16 RQ14	200	3.05	1.441	1	5
5.17 RQ15	200	2.86	1.460	1	5
5.18 RQ16	200	3.06	1.395	1	5
5.19 RQ17	200	2.81	1.384	1	5

1. Favor indicar a forma de empresa na consulta. O valor médio é 2,08, e o desvio padrão é.913.

2.Para a consulta Por favor, estimar o número de trabalhadores, recebemos uma média de 2,40 e um desvio padrão de.857.

3.Em resposta à pergunta "Por favor indique o número de turnos de trabalho por dia", recebemos uma média de 2,10 e um desvio padrão de.669.

4.Em resposta à questão Indique o número de turnos de trabalho por dia; o valor médio é 2,76, e o desvio padrão é 1,433. 4.1. Para a pergunta, indicar o crescimento médio anual do volume de negócios; o valor médio é 3,42, e o desvio padrão é.870. 4.2. Para a pergunta, por favor indique a percentagem média do seu volume de negócios para o mercado de exportação; o valor médio é 1,98, e o desvio padrão é.870. Para a pergunta, por favor indique o crescimento médio anual da sua quota de mercado, recebemos um valor médio de 2,03, e um desvio padrão de 1,056. 5. Para a pergunta, Por favor indique o número médio de novos produtos produzidos pela Empresa a cada dois anos, recebemos um valor médio de 3,37 e um desvio padrão de 1,561. O valor médio que obtivemos para a pergunta, Se os clientes estão satisfeitos, é 1,49, com um desvio padrão de 0,501. 5.2. Para a pergunta, RQ1 , o valor médio que obtivemos é 2,98, com um desvio padrão de 1,487. 5.3. Para a pergunta, RQ1 , o valor médio que obtivemos é 2,76, com um desvio-padrão de 1,487. Recebemos um valor médio de 2,87, com um desvio padrão de 1,377 5,7 para a pergunta, Existem benefícios adicionais para completar com dados de terceiros? Recebemos também um valor médio de 2,96 e um desvio padrão de 1,474 5,8 para a pergunta, RQ5 . Recebemos um valor médio de 2,92 e um desvio padrão de 1,431 5,9 para a pergunta, São os dados sobre interacção com o conteúdo sugerido alimentados de volta ao modelo de previsão. Para responder à pergunta, estão disponíveis estudos de caso ou dados para demonstrar que a aprendizagem mecânica optimiza automaticamente os resultados. O valor médio é 3,11, e o desvio padrão é 1,498 5,10. O valor médio para a consulta, Todo o sistema em funcionamento em tempo real de ponta a ponta, é 3,16, e o desvio padrão é 1,380 5,11. Recebemos um valor médio de 2,92 e um desvio padrão de 1,380 5,12 para a consulta, Conteúdo recomendado capaz de ser alterado com base em novos hábitos, mesmo após o envio de uma campanha de correio electrónico. O valor médio para a consulta, O processamento em lote afecta as capacidades do sistema em tempo real? é

2,87, e o desvio padrão é 1,376. 5.13. Estão disponíveis referências de parceiros para a consulta sobre a sua experiência na criação do Motor de Recomendação; o valor médio é 2,94, e o desvio padrão é 1,467 5,14. Recursos humanos ou programas contínuos seriam esperados para executar completamente todas as facetas do sistema, recebemos um valor médio de 3,18 e um desvio padrão de 1,373 5,15 em resposta à consulta. Recebemos um valor médio de 2,85 e um desvio padrão de 1,321 5,16 para a pergunta, Existem opções mais leves que possam satisfazer as nossas necessidades comerciais mais rapidamente? Recebemos um valor médio de 3,05 e um desvio padrão de 1,441 5,17 para a pergunta, Existem estudos de casos de consumo e testemunhos relevantes para a forma como o Motor de Recomendação funciona? Em resposta à pergunta, "A Demo permite explorar completamente a aplicação e a interface é simples de compreender sem apoio ou instruções?" recebemos um valor médio de 2,86 e um desvio padrão de 1,460 5,18. Recebemos um valor médio de 3,06 e um desvio padrão de 1,395 5,19 para a pergunta, Existem histórias de sucesso de clientes com resultados no seu campo ou vertical? O fornecedor tem experiência vertical aplicável suficiente, medida por um valor médio de 2,81 e um desvio padrão de 1,384.

Frequências

Quadro 4.28.1. Favor indicar o tipo de empresa

	Observado N	Esperado N	Residual
MicroEnterprises (O investimento não Exceder 10 Lakhs)	76	66.7	9.3
SmallEnterprises (Investimento Entre 10 Lakhs e 2 Crores)	33	66.7	-33.7
Médias Empresas (Investimento Entre 2 Crores e 5 Crores)	91	66.7	24.3
Total	200		

1.1. Para a pergunta, indicar o tipo de empresa, Microempresas (Investimento não excede 10 Lakhs)Exceder 10 Lakhs) valor N observado é 76, Valor N esperado é 66,7 e Valor residual é 9,3.

1.2. Para a pergunta, indicar o tipo de empresa Pequenas Empresas (Investimento Entre 10 Lakhs e 2 Crores) o valor N observado é 33, o valor N esperado é 66,7 e o valor residual é -33,7.

1.3. Para a pergunta indicar o tipo de empresa, Empresas Médias (Investimento Entre 2 Crores e 5 Crores) o valor N observado é 91, o valor N esperado é 66,7 e o valor residual é 24,3.

Quadro 4.28.2. Favor indicar aproximado número de empregados:

	Observado N	Esperado N	Residual
1 - 10	20	50.0	-30.0
11 - 50	109	50.0	59.0
51 - 100	42	50.0	-8.0
101 - 500	29	50.0	-21.0
Total	200		

2.1 Para a pergunta Indique o número aproximado de empregados para 1-10 empregados o valor observado é 20, o valor esperado é 50 e o valor residual é -30.

2.2 Para a pergunta Indique o número aproximado de empregados para 11-50 empregados o valor observado é 109, o valor esperado é 50 e o valor residual é 59.

2.3 Para a pergunta Indique o número aproximado de empregados para 51-100 empregados o valor observado é 42, o valor esperado é 50 e o valor residual é -8,0.

2.4 Para a pergunta Indique o número aproximado de empregados para 101-500 empregados o valor observado é 29, o valor esperado é 50 e o valor residual é -21.

Quadro 4.28.3. Favor indicar o número de turnos de trabalho por dia

	Observado N	N	Residual
1	36	66.7	-30.7
2	109	66.7	42.3
3	55	66.7	-11.7
Total	200		

3.1 Para o Por favor indicar o número de turnos de trabalho por dia para 1 empregado o valor observado é 36, o valor esperado é 66,7 e o valor residual é -30,7.

3.2 Para o Por favor indicar o número de turnos de trabalho por dia para 2 empregados observado valor é 109, valor esperado é 66,7 e valor residual é 42,3.

3.3 Para o Por favor indique o número de turnos de trabalho por dia para 3 empregados o valor observado é 55, o valor esperado é 66,7 e o valor residual é -11

Quadro 4.28.4.Por favor indicar anualmente volume de negócios da sua empresa:

	Observado N	Esperado N	Residual
Menos de 5 Lakhs	53	40.0	13.0
5-10 Lakhs	45	40.0	5.0
11-20 Lakhs	29	40.0	-11.0
21 - 50 Lakhs	43	40.0	3.0
Mais de 50 Lakhs	30	40.0	-10.0
Total	200		

4.1 Para o Por favor indique o volume de negócios anual aproximado da sua empresa menos de 5 lakhs o valor observado é 53, o valor esperado é 40 e o valor residual é 13.

4.2 Para o volume de negócios anual aproximado da sua empresa 5-10 lakhs o valor observado é 45, o valor esperado é 40 e o valor residual é 5.

4.3 Para o Por favor indique o volume de negócios anual aproximado da sua empresa 11-20 lakhs o valor observado é 59, o valor esperado é 40 e o valor residual é -11.

4.4 Para o Por favor indique o volume de negócios anual aproximado da sua empresa para 21 - 50 lakhs o valor observado é 43, o valor esperado é 40 e o valor residual é 3.

4.5 Para o volume de negócios anual aproximado da sua empresa para Mais de 50 Lakhs o valor observado é 30, o valor esperado é 40 e o valor residual é -1

Quadro 4.28.5.Favor indicar o crescimento médio anual do volume de negócios:

	Observado N	Esperado N	Residual
5 - 10%	31	50.0	-19.0
10 - 15%	75	50.0	25.0
15 - 20%	74	50.0	24.0
MAIS DO QUE 20%	20	50.0	-30.0
Total	200		

5.1 Para o Por favor indicar o crescimento médio anual do volume de negócios para 5 - 10% do valor observado é 31, o valor esperado é 50 e o valor residual é -19.

5.2 Para o Por favor indicar o crescimento médio anual do volume de negócios para 10-15% do valor observado é 75, o valor esperado é 50 e o valor residual é 25.

5.3 Para o Por favor indicar o crescimento médio anual do volume de negócios para 15 - 20% o valor observado é 74, o valor esperado é 50 e o valor residual é 24.

5.4 Para o Por favor indicar o crescimento médio anual do volume de negócios para um valor superior a 20% observado é 20, o valor esperado é 50 e o valor residual é -30.

Quadro 4.28.6.Por favor indique a percentagem média do seu volume de negócios para o mercado de exportação:

	Observado N	Esperado N	Residual
0 - 5%	94	40.0	54.0
5 - 10%	53	40.0	13.0
10 - 15%	29	40.0	-11.0
15 - 20%	12	40.0	-28.0
Mais de 20%	12	40.0	-28.0
Total	200		

6.1 Por favor, indique a percentagem média do seu volume de negócios para o mercado de exportação para 5-10% do valor observado é 94, o valor esperado é 40 e o valor residual é 54.

6.2 Para o Por favor indicar o crescimento médio anual do volume de negócios para 5 - 10% do valor observado é 53, o valor esperado é 40 e o valor residual é 13.

6.3 Para o Por favor indicar o crescimento médio anual do volume de negócios para 10 - 15%

o valor observado é 29, o valor esperado é 40 e o valor residual é -11.

6.4 Para o Por favor indicar o crescimento médio anual do volume de negócios para 15 - 20% do valor observado é 12, o valor esperado é 50 e o valor residual é -28.

6.5 Para o Por favor indicar o crescimento médio anual do volume de negócios Mais de 20% do valor observado é 12, o valor esperado é 50 e o valor residual é -28.

Quadro 4.28.7.Por favor, indique o crescimento médio anual da quota de mercado:

	Observado N	Esperado N	Residual
0 - 5%	72	50.0	22.0
5 - 10%	74	50.0	24.0
10 - 15%	42	50.0	-8.0
Mais de 20%	12	50.0	-38.0
Total	200		

7.1 Para o Por favor indicar o crescimento médio anual da quota de mercado para 0 - 5% do valor observado é 72, o valor esperado é 50 e o valor residual é 22.

7.2 Para o Por favor indicar o crescimento médio anual da quota de mercado para 5 - 10% de valor observado é 74, o valor esperado é 50 e o valor residual é 24.

7.3 Para o Por favor indicar o crescimento médio anual da quota de mercado para 10 - 15% o valor observado é 42, o valor esperado é 50 e o valor residual é -8,0.

7.4 Para o Por favor indique o crescimento médio anual da quota de mercado para Mais de 20% do valor observado é 12, o valor esperado é 50 e o valor residual é -38

Quadro 4.28.8. Favor indicar o número médio de novos produtos desenvolvidos em cada dois anos pela Empresa

	Observado N	Esperado N	Residual
1	41	40.0	1.0
2	16	40.0	-24.0
3	51	40.0	11.0
4	12	40.0	-28.0
Mais de 4	80	40.0	40.0
Total	200		

8.1 Para o Por favor indicar o número médio de novos produtos desenvolvidos em cada dois anos pela Empresa para 1 é observado o valor 41, o valor esperado é 40 e o valor residual é 1.

8.2 Para o Por favor indicar o número médio de novos produtos desenvolvidos em cada dois anos pela Empresa para 2 é observado valor é 16, o valor esperado é 40 e o valor residual é -24.

8.3 Para o Por favor indicar o número médio de novos produtos desenvolvidos em cada dois anos pela Empresa para 3 é observado o valor 51, o valor esperado é 40 e o valor residual é 11.

8.4 Para o Por favor indicar o número médio de novos produtos desenvolvidos em cada dois anos pela Empresa para 4 é observado valor é 12, valor esperado é 40 e valor residual é -28.

8.5 Para o Por favor indicar o número médio de novos produtos desenvolvidos em cada dois anos pela Empresa para Mais de 4 é observado valor é 80, o valor esperado é 40 e o valor residual é 40.

Quadro 4.28.9. Estão os clientes satisfeitos

	Observado N	Esperado N	Residual
SIM	102	100.0	2.0
NÃO	98	100.0	-2.0
Total	200		

9.1 Para os clientes satificados para SIM o valor observado é 102, o valor esperado é 40 e o valor residual é 1.

9.2 Para Are customers satisfied for NO o valor observado é 98, o valor esperado é 100 e o valor residual é -2,0.

Quadro 4.28.10.A experiência é maior do que 5 Anos

T	Observado N	Esperado N	Residual
SIM	46	40.0	6.0
NÃO	39	40.0	-1.0
3	33	40.0	-7.0
4	37	40.0	-3.0
5	45	40.0	5.0
Total	200		

10.1 Para Experiência é superior a 5 Anos para SIM o valor observado é 46, o valor esperado é 40 e o valor residual é 6.
10.2 Para Experiência é superior a 5 Anos para NÃO observado o valor é 39, o valor esperado é 40 e o valor residual é -1.
10.3 Para Experiência é superior a 5 anos para 3 valor observado é 33, valor esperado é 40 e valor residual é -7.
10.4 Para Experiência é superior a 5 anos para 4 valores observados é 37, valor esperado é 40 e valor residual é -3.
10.5 Para Experiência é superior a 5 anos para 5 valor observado é 45, o valor esperado é 40 e o valor residual é 5.

Quadro 4.28.11. RQ1

	Observado N	Esperado N	Residual
Concordam	56	40.0	16.0
Concorda	35	40.0	-5.0
Neutro	42	40.0	2.0
Discordar	35	40.0	-5.0
Fortemente Discordar	32	40.0	-8.0
Total	200		

11.1Para a pergunta RQ1 , para o valor Observado fortemente acordado N IS 56, o valor esperado N é 40 e o valor Residual é 16.

11.2Para a pergunta RQ1 , para o valor acordado , Valor observado N IS 35, Valor esperado N é 40 e Valor residual é -5.

11.3Para a pergunta RQ1 , para o valor neutro, Observado N IS 42, o valor esperado N é 40 e Residual o valor é 2.

11.4Para a pergunta RQ1 , para desacordo, Valor observado N IS 35, Valor esperado N é 40 e Valor residual é -5.

11.5Para a pergunta RQ1 , para forte desacordo, Valor observado N IS 32, Valor esperado N é 40 e Valor residual é -8.

Tabela 4.28.12. RQ2

	Observado N	Esperado N	Residual
Concordam	42	40.0	2.0
Concorda	29	40.0	-11.0
Neutro	45	40.0	5.0
Discordar	32	40.0	-8.0
Fortemente Discordar	52	40.0	12.0
Total	200		

12.1Para o RQ2 , para o valor Observado fortemente acordado N IS 42, o valor esperado N é 40 e o valor Residual é 2.

12.2Para a pergunta RQ2 , para o valor acordado, o valor observado N IS 29, o valor esperado N é 40 e o valor residual é -11.

12.3Para a pergunta RQ2 , para o valor neutro, Observado N IS 45, o valor esperado N é 40 e o valor residual é 5.

12.4RQ2 , para desacordo, Valor observado N IS 32, Valor esperado N é 40 e Valor residual é -8.

12.5Para a pergunta RQ2 , para o valor Observado N IS 52, o valor esperado N é 40 e o valor Residual é 12.

Quadro 4.28.13. RQ3

	Observado N	Esperado N	Residual
Concordam	43	40.0	3.0
Concorda	43	40.0	3.0
Neutro	36	40.0	-4.0
Discordar	40	40.0	.0
Fortemente Discordar	38	40.0	-2.0
Total	200		

13.1Para o RQ3 , para o valor Observado fortemente acordado N IS 43, o valor esperado N é 40 e o valor Residual é 3.

13.2Para o RQ3 , para o valor acordado, o valor observado N IS 43, o valor esperado N é 40 e o valor residual é 3.

13.3Para o RQ3 , para o valor neutro, Observado N IS 36, o valor esperado N é 40 e o valor Residual é -4.

13.4RQ3 , Valor observado N IS 40, Valor esperado N é 40 e Valor residual é 0.

13.5Para o RQ3 , para o valor Observado N IS 38, o valor esperado N é 40 e o valor Residual é -2.

Tabela 4.28.14. RQ4

	Observado N	Esperado N	Residual
Concordam	41	40.0	1.0
Concorda	46	40.0	6.0
Neutro	47	40.0	7.0
Discordar	31	40.0	-9.0
Fortemente Discordar	35	40.0	-5.0
Total	200		

14.1Para o RQ3 , para o valor Observado fortemente acordado N IS 41, o valor esperado N é 40 e o valor Residual é 1.

14.2Para o RQ3 , para o valor acordado, o valor observado N IS 46, o valor esperado N é 40 e o valor residual é 6.

14.3Para o RQ3 , para o valor neutro, Observado N IS 47, o valor esperado N é 40 e o valor Residual é
7.

14.4RQ3 , Valor observado N IS 40, Valor esperado N é 31 e Valor residual é -9.

14.5Para o RQ3 , para o valor Observado N IS 35, o valor esperado N é 40 e o valor Residual é -5.

Tabela 4.28.15. RQ5

	Observado N	Esperado N	Residual
Concordam Concorda	49	40.0	9.0
	33	40.0	-7.0
Neutro	37	40.0	-3.0
Discordar	40	40.0	.0
Fortemente Discordar	41	40.0	1.0
Total	200		

15.1Para a pergunta RQ5 , para o valor Observado fortemente acordado N IS 49, o valor esperado N é 40 e o valor Residual é 9.

15.2Para a pergunta RQ5 , para o valor acordado , Valor observado N IS 33, Valor esperado N é 40 e Valor residual é -7.

15.3Para a pergunta RQ5 , para o valor neutro, Observado N IS 37, Valor esperado N é 40 e Valor residual é -3.

15.4Para a pergunta RQ5 , Valor observado N IS 40, Valor esperado N é 31 e Valor residual é 0.

15.5Para a pergunta RQ5 , para o valor Observado N IS 41, o valor esperado N é 40 e o valor Residual é 1.

Tabela 4.28.16. RQ6

	Observado N	Esperado N	Residual
Concordam Concorda	45	40.0	5.0
	42	40.0	2.0
Neutro	34	40.0	-6.0
Discordar	43	40.0	3.0
Fortemente Discordar	36	40.0	-4.0
Total	200		

16.1Para a pergunta RQ6 , para o valor Observado fortemente acordado N IS 45, o valor esperado N é 40 e o valor Residual é 5.

16.2Para o RQ6 , para o valor acordado, o valor observado N IS 42, o valor esperado N é 40 e o valor residual é 2.

16.3Para a pergunta RQ6 , para o valor neutro, Observado N IS 34, o valor esperado N é 40 e Residual valor é -6.

16.4Para a pergunta RQ6 , Valor observado N IS 43, Valor esperado N é 31 e Valor residual é 3.

16.5 Para a pergunta RQ6 , para o valor Observado N IS 36, o valor esperado N é 40 e o valor Residual é -4.

Tabela 4.28.17. RQ7

	Observado N	Esperado N	Residual
Concordam Fortemente	45	40.0	5.0
Concorda	31	40.0	-9.0
Neutro	30	40.0	-10.0
Discordar	46	40.0	6.0
Fortemente Discordar	48	40.0	8.0
Total	200		

17.1Para o RQ7 , para o valor Observado fortemente acordado N IS 45, o valor esperado N é 40 e o valor Residual é 5.

17.2Para o RQ7 para o valor acordado , Valor observado N IS 31, Valor esperado N é 40 e Valor residual é -9.

17.3Para a pergunta RQ7 , para o valor neutro, Observado N IS 30, Valor esperado N é 40 e Valor residual é -10.

17.4Para o RQ7 , Valor observado N IS 46, Valor esperado N é 31 e Valor residual é 6.

17.5Para o RQ7 , para o valor Observado N IS 48, o valor esperado N é 40 e o valor Residual é 8.

Quadro 4.28.18. RQ8

	Observado N	Esperado N	Residual
Concordam Fortemente	30	40.0	-10.0
Concorda	41	40.0	1.0
Neutro	41	40.0	1.0
Discordar	43	40.0	3.0
Fortemente Discordar	45	40.0	5.0
Total	200		

18.1Para o RQ8 , para o valor Observado fortemente acordado N IS 30, o valor esperado N é 40 e o valor Residual é -10.

18.2Para o RQ8 para o valor acordado , Valor observado N IS 41, Valor esperado N é 40 e Valor residual é 1.

18.3Para a pergunta RQ8 , para o valor neutro, Observado N IS 41, o valor esperado N é 40 e o valor residual é 1.

18.4Para o RQ8 , Valor observado N IS 43, Valor esperado N é 31 e Valor residual é 3.

18.5Para o RQ8 , para o valor Observado N IS 45, o valor esperado N é 40 e o valor Residual é 5.

Tabela 4.28.19. RQ9

	Observado N	Esperado N	Residual
Concordam	41	40.0	1.0
Concorda	40	40.0	.0
Neutro	48	40.0	8.0
Discordar	36	40.0	-4.0
Fortemente Discordar	35	40.0	-5.0
Total	200		

19.1Para RQ9 , para o valor Observado N IS 41 fortemente acordado, o valor esperado N é 40 e o valor Residual é 1.

19.2Para RQ9 para acordado , Valor observado N IS 40, Valor esperado N é 40 e Valor residual é 0.

19.3Para a pergunta RQ9 , para o valor neutro, Observado N IS 48, o valor esperado N é 40 e o valor residual é 8.

19.4Para o RQ9 , Valor observado N IS 36, Valor esperado N é 31 e Valor residual é -4.

19.5Para o RQ9 , para o valor Observado N IS 53, o valor esperado N é 40 e o valor Residual é -5.

Tabela 4.28.20: RQ10

	Observado N	Esperado N	Residual
Concordam	43	40.0	3.0
Concorda	44	40.0	4.0
Neutro	39	40.0	-1.0
Discordar	44	40.0	4.0
Fortemente Discordar	30	40.0	-10.0
Total	200		

20,1 RQ10 , para o valor Observado fortemente acordado N IS 43, o valor esperado N é 40 e o valor Residual é 3.

20,2 RQ10 para Valor observado N IS 44 fortemente acordado, Valor esperado N é 40 e Valor residual é 4.

20,3 RQ10 para acordado , Valor observado N IS 39, Valor esperado N é 40 e Valor residual é-1.

20.4 Para a pergunta RQ10 , para o valor Observado fortemente acordado N IS 44, o valor esperado N é 40 e o valor Residual é 4.

20,5 RQ10 para acordado , Valor observado N IS 30, Valor esperado N é 40 e Valor residual é -10.

Quadro 4.28.21. RQ11

	Observado N	Esperado N	Residual
Concordam	47	40.0	7.0
Concorda	38	40.0	-2.0
Neutro	38	40.0	-2.0
Discordar	35	40.0	-5.0
Fortemente Discordar	42	40.0	2.0
Total	200		

21.1 RQ11 , para o valor Observado fortemente acordado N IS 47, valor esperado N é 40 e valor residual é 7.

21.2 RQ11 para o valor Observado fortemente acordado N IS 38, valor esperado N é 40 e valor residual é -2.

21,3 RQ11 para o valor acordado, Valor observado N IS 38, Valor esperado N é 40 e Valor residual é 2.

21.4 Para a pergunta RQ11 , para o valor Observado fortemente acordado N IS 35, o valor esperado N é e o valor Residual é -5.

21. RQ11 para acordado , Valor observado N IS 42, Valor esperado N é 40 e Valor residual é 2.

Quadro 4.28.22. RQ12

	Observado N	Esperado N	Residual
Concordam	33	40.0	-7.0
Concorda	34	40.0	-6.0
Neutro	38	40.0	-2.0
Discordar	55	40.0	15.0
Fortemente Discordar	40	40.0	.0
Total	200		

22,1 RQ12 , para o valor observado N IS 33 fortemente acordado, o valor esperado N é 40 e o valor residual é -7.

22,2 RQ12 para Valor observado N IS 34 fortemente acordado, Valor esperado N é 40 e Valor residual é -6.

22,3 RQ12 para acordado , Valor observado N IS 38, Valor esperado N é 40 e Valor residual é 2.

22,4 Para o RQ12 , para o valor observado N IS 55, o valor esperado N é 40 e o valor residual é 15.

22,5 RQ12 para acordado , Valor observado N IS 40, Valor esperado N é 40 e Valor residual é 0.

Quadro 4.28.23. RQ13

	Observado N	Esperado N	Residual
Concordam	38	40.0	-2.0
Concorda	48	40.0	8.0
Neutro	49	40.0	9.0
Discordar	36	40.0	-4.0
Fortemente Discordar	29	40.0	-11.0
Total	200		

23,1 RQ13 , para o valor observado N IS 38 fortemente acordado, o valor esperado N é 40 e o valor residual é -2.

23,2 RQ13 para Valor observado N IS 48 fortemente acordado, Valor esperado N é 40 e Valor residual é 8.

23. RQ13 para acordado , Valor observado N IS 49, Valor esperado N é 40 e Valor residual é 9.

23,4 Para o RQ13 , para o valor observado N IS 36, o valor esperado N é 40 e o valor residual é -4.

23,5 RQ13 para acordado , Valor observado N IS 29, Valor esperado N é 40 e Valor residual é - 11.

Tabela 4.28.24: RQ14

	Observado N	Esperado N	Residual
Concordam	39	40.0	-1.0
Concorda	41	40.0	1.0
Neutro	35	40.0	-5.0
Discordar	41	40.0	1.0
Fortemente Discordar	44	40.0	4.0
Total	200		

24,1 RQ14 , para o valor Observado fortemente acordado N IS 39, valor esperado N é 40 e valor residual é -1.

24,2 RQ14 para Valor observado N IS 35 fortemente acordado, Valor esperado N é 40 e Valor residual é -5.

24.3. RQ14 para acordado , Valor observado N IS 49, Valor esperado N é 40 e Valor residual é 9.

24,4 Para o RQ14 , para o valor observado N IS 41, o valor esperado N é 40 e o valor residual é -1.

24,5 RQ14 para valor acordado , Valor observado N IS 44, Valor esperado N é 40 e Valor residual é 4.

Tabela 4.28.25. RQ15

	Observado N	Esperado N	Residual
Concordam	50	40.0	10.0
Concorda	37	40.0	-3.0
Neutro	45	40.0	5.0
Discordar	27	40.0	-13.0
Fortemente Discordar	41	40.0	1.0
Total	200		

25,1 RQ15 , para valor Observado fortemente acordado N IS 50, valor esperado N é 40 e valor Residual é 10.

25,2 RQ15 para o valor Observado fortemente acordado N IS 37, valor esperado N é 40 e valor residual é -3.

25.3. RQ15 para acordado , Valor observado N IS 45, Valor esperado N é 40 e Valor residual é -

5.

25.4 Para o RQ15 , para o valor observado N IS 27 fortemente acordado, o valor esperado N é 40 e o valor residual é -13.

25,5 RQ15 para valor acordado , Valor observado N IS 41, Valor esperado N é 40 e Valor residual é 1.

Tabela 4.28.26: RQ16

	Observado N	Esperado N	Residual
Concordam	33	40.0	-7.0
Concorda	47	40.0	7.0
Neutro	37	40.0	-3.0
Discordar	41	40.0	1.0
Fortemente Discordar	42	40.0	2.0
Total	200		

26,1 RQ16 , para o valor observado N IS 33 fortemente acordado, o valor esperado N é 40 e o valor residual é -7.

26,2 RQ16 para Valor observado N IS 47 fortemente acordado, Valor esperado N é 40 e Valor residual é 7.

26.3. RQ16 para acordado , Valor observado N IS 37, Valor esperado N é 40 e Valor residual é -3.

26,4 Para o RQ16 , para o valor observado N IS 41 fortemente acordado, o valor esperado N é 40 e o valor residual é 1.

26,5 RQ16 para o valor acordado , Valor observado N IS 37, Valor esperado N é 40 e Valor residual é -

3.

Tabela 4.28. 27: RQ17

	Observado N	Esperado N	Residual
Concordam	44	40.0	4.0
Concorda	50	40.0	10.0
Neutro	39	40.0	-1.0
Discordar	35	40.0	-5.0
Fortemente Discordar	32	40.0	-8.0
Total	200		

27.1RQ17 , para o valor Observado fortemente acordado N IS 44, o valor esperado N é 40 e o valor residual é 4.

27.2RQ17 para o valor Observado fortemente acordado N IS 50, valor esperado N é 40 e valor Residual é 10.

27.3. RQ17 para acordado , Valor observado N IS 39, Valor esperado N é 40 e Valor residual é -1.

27.4Para RQ17 , para o valor Observado N IS 35 fortemente acordado, o valor esperado N é 40 e Residual
valor é -5.

27.5RQ17 para acordado , Valor observado N IS 32, Valor esperado N é 40 e Valor residual é - 8.

Quadro 4.28.28 Estatísticas de testes

	1. Favor indicar o tipo de empresa	2. Por favor, indique o número aproximado de empregados:	3. Favor indicar o número de turnos de trabalho por dia	4.Por favor, indique o volume de negócios anual aproximado da sua empresa:	Favor indicar crescimento médio anual do volume de negócios:
Chi-Square Df Asymp. Sig.	27.190a 2 .000	97.720[b] 3 .000	43.030a 2 .000	10.600[c] 4 .031	49.240[b] 3 .000

28.1Para a pergunta Por favor indique o tipo de empresa, por teste Chi-Square recebemos o valor 27.190[a,] , por df recebemos o valor 2, por Asymp. Por Sig obtivemos o valor 0,000.

28.2Para a pergunta Por favor indique o número aproximado de empregados, por teste Chi-Square obtivemos o valor 97.720[b] , por df obtivemos o valor 3, , por Asymp. Sig, obtivemos o valor .000.

28.3Para a pergunta Por favor indique o número de turnos de trabalho por dia, pelo teste Qui-quadrado obtivemos o valor 43.030[a] , por df obtivemos o valor 2, Asymp. Sig, obtivemos o valor .000.

28.43 Para a pergunta Indique o volume de negócios anual aproximado da sua empresa, pelo teste Chi-Square obtivemos o valor 10.600[c] , 4, , Asymp. Sig, obtivemos o valor 0,031.

28.53 Para a pergunta Por favor indicar o crescimento médio anual do volume de negócios, pelo teste Chi-Square obtivemos o valor 49.240[b] , por df obtivemos o valor 4, por Asymp. Sig, obtivemos o valor .000.

Quadro 4.28.29: Estatísticas de testes

	Por favor indique a média percentagem de o seu volume de negócios toexport mercado:	Por favor indique a média anual crescimento em quota de mercado:	5. Por favor indicar média número de novos produtos desenvolvido em cada dois anos pelos Empresa	São clientes satificados	A experiência é superior a 5 Anos
Chi-Square	119.350a	51.360[b]	77.050a	.080[c]	3.000[b]
Df	4	3	4	1	4
Asymp. Sig.	.000	.000	.000	.777	.558

29.1Para a pergunta Por favor indique a percentagem média do seu volume de negócios para o mercado de exportação: pelo teste ChiSquare obtivemos o valor 119.350[a], , por df obtivemos o valor 4, por Asymp. Sig, obtivemos o valor .000. 29.2 Para a pergunta Queira indicar o crescimento médio anual da sua quota de mercado: por teste Chi-Square obtivemos o valor 51.360[b] , por df obtivemos o valor 3, por Asymp. Por Sig obtivemos o valor .000.

29.3Para a pergunta Por favor indique o número médio de novos produtos desenvolvidos em cada dois anos pela Empresa, por teste Chi-Square obtivemos o valor 77.050[a] , por df obtivemos o valor 4, Asymp. Sig, obtivemos o valor .000.

29.4Para a pergunta São os clientes satificados, pelo teste Chi-Square obtivemos o valor .080[c] , por df obtivemos o valor 1, Asymp. Sig, obtivemos o valor .777.

29.5Para a pergunta A experiência é superior a 5 anos, por teste Chi-Square obtivemos o valor 3.000[b] , por df obtivemos o valor 4, por Asymp. Sig, obtivemos o valor .558.

Quadro 4.28.30: Estatísticas de testes

	RQ1	RQ2	RQ3	RQ4	RQ5
Chi-Square	9.350[a]	8.950[b]	.950[a]	4.800[c]	3.500[b]
Df	4	4	4	4	4
Asymp. Sig.	.053	.062	.917	.308	.478

30.1Para a pergunta RQ1 , por teste Chi-Square obtivemos o valor 9.350[a], ,por df obtivemos o valor 4, por Asymp. Sig, obtivemos o valor 0,053.

30.2Para a pergunta RQ2 :, por Chi-Square teste obtivemos o valor 8,950[b] , por df obtivemos o valor 4 , por Asymp. Sig, obtivemos o valor .062.

30.3Para a pergunta RQ3 , por Chi-Square teste obtivemos o valor .950[a] , por df obtivemos o valor 4, Asymp. Sig, obtivemos o valor .917.

30.4Para a pergunta RQ4 , por teste Chi-Square obtivemos o valor 4.800[c] , por df obtivemos o valor 4, Asymp. Sig, obtivemos o valor .308.

30.5Para a pergunta RQ5 , por teste Chi-Square obtivemos o valor 3.500[b] , por df obtivemos o valor 4, por Asymp. Sig, obtivemos o valor .478.

Tabela 4.28.31:Estatísticas de testes

	RQ6	RQ7	RQ8	RQ9	RQ10
Chi-Square	2.250[a]	7.650[b]	3.400[a]	2.650[c]	3.550[b]
Df	4	4	4	4	4
Asymp. Sig.	.690	.105	.493	.618	.470

31.1Para a pergunta RQ6 , por teste Chi-Square obtivemos o valor 2.250[a], ,por df obtivemos o valor 4, por Asymp. Sig, obtivemos o valor .690.

31.2Para a pergunta RQ7 , por teste Chi-Square obtivemos o valor 7,650[b] , por df obtivemos o valor 4 , por Asymp. Sig, obtivemos o valor .105.

31.3Para o RQ8 , pelo teste Chi-Square obtivemos o valor .950[a] , por df obtivemos o valor 4, Asymp. Sig, obtivemos o valor .493.

31.4Para a pergunta RQ9 , pelo teste Chi-Square obtivemos o valor 2,650[c] , por df obtivemos o valor 4, Asymp. Sig, obtivemos o valor .618.

31.5Para a pergunta RQ10 , por teste Chi-Square obtivemos o valor 3,550[b] , por df obtivemos o valor 4, por Asymp. Sig, obtivemos o valor .470.

Quadro 4.28.32: Estatísticas de testes

	RQ11	RQ12	RQ13	RQ14	RQ15
Chi-Square	2.150[a]	7.850[b]	7.150[a]	1.100[c]	7.600[b]
Df	4	4	4	4	4
Asymp. Sig.	.708	.097	.128	.894	.107

32.1Para a pergunta "Tem alguma referência de parceiros com experiência na instalação do Motor de Recomendação?" o teste Qui-quadrado rendeu o valor 2.150a, o df rendeu o valor 4, e o Asymp. O Sig rendeu o valor. 708. 32.2 Para a pergunta "Serão necessários recursos humanos ou programas em curso para operar completamente todas as facetas do sistema?" o teste Qui-quadrado produziu um valor de 7.850b, o df produziu um valor de 4, e o Asymp. O Sig rendeu um valor de 32,3 097. Haverá opções mais leves que possam satisfazer as nossas necessidades comerciais mais rapidamente?, obtivemos o valor 7.150a pelo teste ChiSquare, o valor 4 por df, e o valor 4 por Asymp. Sig. 128º.

32.4Em resposta à pergunta Existem alguns estudos de casos de consumo ou testemunhos sobre o funcionamento do Motor de Recomendação? O teste Chi-Square rendeu um valor de 1.100c, o df rendeu um valor de 4, e o Asymp. O Sig rendeu um valor de O número é 894.

32.5Para a consulta Demo permite-lhe explorar minuciosamente o programa e é a interface simples de compreender sem assistência ou orientação, o teste Qui-quadrado rendeu um valor de 7.600b, o df rendeu um valor de 4, e o Asymp. O Sig rendeu um valor de

O número é 107.

Quadro 4.28.33: Estatísticas de testes

	RQ16	RQ17
Chi-Square	2.800[a]	5.150[b]
Df	4	4
Asymp. Sig.	.592	.272

33.1Para a pergunta RQ16 , por teste Chi-Square obtivemos o valor 2.800[a], ,por df obtivemos o valor 4, por Asymp. Sig, obtivemos o valor .592.

33.2Para a pergunta RQ17 , por teste Chi-Square obtivemos o valor 5,150[b] , por df obtivemos o valor 4 , por Asymp. Sig, obtivemos o valor .272.

a. 0 células (0,0%) têm frequências esperadas inferiores a 5. A frequência celular mínima esperada é de 66,7.

b. 0 células (0,0%) têm frequências esperadas inferiores a 5. A frequência celular mínima esperada é de 50,0 células.

c. 0 células (0,0%) têm frequências esperadas inferiores a 5. A frequência celular mínima esperada é de 40,0 células.

d. 0 células (0,0%) têm frequências esperadas inferiores a 5. A frequência celular mínima esperada é de 100,0 células.

Tabela 4.28.34: TESTE DE CORRESPONSABILIDADE

Correlações										
		RQ9	RQ10	RQ11	RQ12	RQ13	RQ14	RQ15	RQ16	RQ17
RQ9	Pearson Correlação	1	-.008	-.030	.039	-.128	-.043	-.143*	-.042	.087
	Sig. (2tailed)		.909	.674	.581	.071	.541	.044	.556	.223
	N	200	200	200	200	200	200	200	200	200
RQ10	Pearson Correlação	-.008	1	-.019	.041	-.083	.006	.033	.009	-.074
	Sig. (2-cauda)	.909		.788	.561	.245	.935	.638	.896	.297
	N	200	200	200	200	200	200	200	200	200
RQ11	Pearson Correlação	-.030	-.019	1	-.052	.000	-.034	.113	-.077	.001
	Sig. (2-cauda)	.674	.788		.467	.999	.632	.111	.281	.987
	N	200	200	200	200	200	200	200	200	200
RQ12	Pearson Correlação	.039	.041	-.052	1	-.099	.095	.042	-.053	-.061
	Sig. (2-cauda)	.581	.561	.467		.163	.183	.551	.458	.389
	N	200	200	200	200	200	200	200	200	200
RQ13	Pearson Correlação	-.128	-.083	.000	-.099	1	-.028	.140*	.106	.036
	Sig. (2tailed)	.071	.245	.999	.163		.697	.048	.136	.612
	N	200	200	200	200	200	200	200	200	200
RQ14	Pearson Correlação	-.043	.006	-.034	.095	-.028	1	.094	.056	.121
	Sig. (2tailed)	.541	.935	.632	.183	.697		.185	.431	.089
	N	200	200	200	200	200	200	200	200	200
RQ15	Pearson Correlação	-.143*	.033	.113	.042	.140*	.094	1	.088	-.175*
	Sig. (2tailed)	.044	.638	.111	.551	.048	.185		.215	.013
	N	200	200	200	200	200	200	200	200	200
RQ16	Pearson Correlação	-.042	.009	-.077	-.053	.106	.056	.088	1	.014
	Sig. (2tailed)	.556	.896	.281	.458	.136	.431	.215		.845
	N	200	200	200	200	200	200	200	200	200
RQ17	Pearson Correlação	.087	-.074	.001	-.061	.036	.121	-.175*	.014	1
	Sig. (2tailed)	.223	.297	.987	.389	.612	.089	.013	.845	
	N	200	200	200	200	200	200	200	200	200

*. A correlação é significativa ao nível 0,05 (2-tailed).

34.1O valor da Correlação Pearson para a consulta Material recomendado que pode ser alterado com base em novos hábitos mesmo depois de uma campanha de e-mail ter sido enviada é 1 e o valor N é 200.

34.2A correlação Pearson é -.008 e Sig. (2-tailed) é.909 e N é 200 para a pergunta O processamento em lote afecta a capacidade em tempo real do sistema e o conteúdo recomendado pode ser alterado com base em novos hábitos, mesmo após o envio de uma campanha de correio electrónico.

34.3As referências de parceiros estão disponíveis pela sua experiência na criação do Motor de Recomendação e o material recomendado pode ser alterado com base em novos hábitos, mesmo após o envio de uma campanha de e-mail, Pearson Correlation é -.030, Sig. (2tailed) é.674, e N é 200.

34.4Os recursos humanos ou programas em curso deverão operar completamente todas as facetas do sistema, e o material recomendado poderá ser alterado com base em novos hábitos, mesmo após o envio de uma campanha de e-mail, Pearson Correlation é -.039, Sig. (2tailed) é.581, e N é 200.

34.5Existem opções mais leves que possam satisfazer as nossas necessidades comerciais de forma mais eficiente e material recomendado que pode ser alterado com base em novos hábitos, mesmo depois de ter sido enviada uma campanha por e-mail, com Correlação Pearson de -.128 e Sig. (2tailed) de.071 e N de 200?

34.6Existem alguns estudos de caso ou testemunhos de clientes sobre como funciona o Motor de Recomendação, e recomenda-se que o conteúdo possa ser actualizado com base em novos comportamentos, mesmo após o envio de uma campanha por e-mail, Pearson Correlation é -.043 e Sig. (2-tailed) é.541 e N é 200? 34.7 Demo permite explorar completamente a aplicação e a interface é fácil de compreender sem ajuda ou instruções? Existem histórias de sucesso de consumidores com resultados no seu negócio ou vertical, e existe algum material recomendado que possa ser alterado com base em novos hábitos, mesmo depois de uma campanha de e-mail ter sido enviada? A correlação Pearson é -.042, Sig. (2-tailed) é.556, e N é 200. O fornecedor tem suficiente experiência vertical relevante e o conteúdo recomendado pode ser actualizado com base em novos comportamentos mesmo depois de uma campanha de e-mail ter sido enviada, Pearson Correlation é -.087, Sig. (2tailed) é.223, e N é 200. 34.10 O conteúdo recomendado pode ser actualizado com base em novos comportamentos, mesmo após o envio de uma campanha de correio electrónico, Pearson Correlation is.087, e Sig. (2tailed) is.223 e N é 200. Haverá uma abordagem mais leve que possa satisfazer as nossas necessidades comerciais de forma mais eficiente, e como é que o processamento em lote afecta as capacidades do sistema em tempo real? A correlação Pearson é -.006, Sig. (2tailed) é.935 e N é 200. A demonstração permite explorar minuciosamente o programa e é a interface simples de compreender sem assistência ou orientação. O processamento em lote afecta a capacidade do sistema em tempo real, Pearson Correlation é -.033, Sig. (2tailed) é.638 e N é 200. 34,17 O fornecedor tem suficiente experiência vertical relevante e o processamento em lote influencia as capacidades em tempo real do sistema, Pearson Correlation é -.009 e Sig. (2tailed) é -.896 e N é 200. Pearson Correlation é - .030 e Sig. (2tailed) é.674 e N é 200. 34.19 O processamento em lote influencia as capacidades em tempo real do sistema e as referências de Parceiros estão disponíveis sobre a sua experiência na criação do Motor de Recomendação, Pearson Correlation é -.030 e Sig. (2tailed) é -.674 e N é 200. Para executar completamente todos os aspectos do sistema, seriam necessários recursos humanos ou serviços contínuos, e estão disponíveis referências de Parceiros sobre a sua experiência na criação do Motor de Recomendação, Pearson Correlation é -.052 e Sig..467, e N é 200. Existe uma abordagem mais leve que possa satisfazer as nossas necessidades comerciais de forma mais eficiente, e estão disponíveis referências de Parceiros sobre a sua experiência na criação do Motor de Recomendação, Pearson Correlation é -.000, Sig..999, e N é 200? Vendor tem experiência vertical aplicável suficiente, e as referências de Parceiros sobre a sua experiência na criação do Motor de Recomendação estão abertas, Pearson Correlation é -.034, Sig..632, e N é 200?. Mesmo após o envio de uma campanha de correio electrónico, o conteúdo recomendado pode ser revisto com base em novos hábitos. Para executar completamente todas as facetas do sistema, seriam necessários recursos humanos ou programas em curso; Pearson Correlation é -.039, Sig..581, e N é 200. RQ10 e RQ12 , a Correlação Pearson é 0,41 e Sig. .561, e N é 200. 34,26 RQ11 e RQ12 , a Correlação Pearson é -0,52 e Sig.467 e N é 200. 34,27 A Correlação Pearson é 1 e N é 200, pelo que seriam necessários recursos humanos ou programas em curso para executar completamente todas as facetas do sistema. Haverá uma abordagem mais leve que possa satisfazer as nossas necessidades comerciais mais rapidamente, e serão necessários recursos humanos ou serviços em curso para operar completamente todos os aspectos do sistema? A correlação Pearson é -0,099, a Sig.163 é 163, e a N é 200. Existem alguns estudos de caso ou testemunhos de consumidores sobre como o

O motor de recomendação funciona, e que tipo de recursos humanos ou serviços contínuos seriam necessários para operar todo o sistema? A correlação Pearson é -0,095, a Sig.183 é 183, e a N é 200. A demonstração permite explorar minuciosamente o programa e determinar se a interface é simples de compreender sem a necessidade de assistência ou orientação. Espera-se que os recursos humanos ou serviços em curso executem completamente todas as facetas do sistema, a Pearson Correlation é 0,042, a Sig.551 e a N é 200. 34,31 Existem histórias de sucesso de consumidores com resultados na sua indústria ou vertical, Pearson Correlation é - 0,053, Sig.458 e N é 200. 34,32 RQ16 , Pearson Correlation is-0,053, Sig.458 e N é 200. Serão necessários recursos humanos ou programas em curso para executar completamente todas as facetas do sistema, Pearson Correlation é -0,061, Sig.389, e N é 200. RQ16 , Pearson Correlação é 1, e N é 200. 34,34 RQ16 , a Correlação Pearson é 1, e N é 200. Vendor tem experiência vertical relevante suficiente, Pearson Correlation é 1, N é 200, e Vendor tem experiência vertical relevante suficiente.

CAPÍTULO - 5

CONCLUSÕES & DISCUSSÃO

GESTÃO DE CONTEÚDOS E ASSINATURAS

As informações extraídas em relação aos utilizadores são armazenadas na base de dados em termos de ficheiros. Em primeiro lugar, o algoritmo verifica se a base de dados está ou não presente no ficheiro em relação a um determinado utilizador. Se o ficheiro existir, então o algoritmo lê o conteúdo do ficheiro e divide a linha lida usando "," como delimitador. O conteúdo dividido é armazenado numa matriz para processamento futuro. O primeiro valor da matriz é considerado como o ID do utilizador e o segundo valor como o conteúdo. Suponha que se o UserProfile existir, então o conteúdo é concatenado, caso contrário o algoritmo criará um novo UserProfile e adicionará o conteúdo ao novo perfil.

5.1 Algoritmo

Passo1: Abrir um ficheiro que é armazenado na base de dados.

Passo2: Verificar se é Nulo, se não significa dividir a linha de leitura usando "," como delimitador.

Passo3: As tarefas devem ser feitas.

Atribuir conteúdo [0] ao ID do utilizador.

Atribuir conteúdos [1] ao conteúdo concatcontente.

Passo4: Se o UserProfile for Null

Criar novo UserProfile e novo conteúdo

senão

Concatenar o conteúdo ao perfil existente.

A tabela 5.1 mostra os casos de teste para o registo de utilizadores. Os Parâmetros são funções de teste, entrada, saída esperada, saída real e observações. O teste é feito no registo do utilizador, tomando as entradas como uid, nome, palavra-passe, localização e número de recomendação. A saída esperada é registada e o teste dá o mesmo resultado que o esperado, pelo que se declara bem sucedido.

5.2 Casos de teste

Tabela 5.1: Tabela de testes para registo de utilizadores

SL.NO	Função de teste	Entrada	Esperado Saída	Actual Saída	Observações
1	Registo do utilizador	UID, Nome, Senha, Localização, Número de Recomendação	O utilizador deve registar-se	Usergot registado com Unique UID	Sucesso

5.3 Resultados

Os seguintes instantâneos definem os resultados para o módulo de gestão de conteúdos e de subscrição.

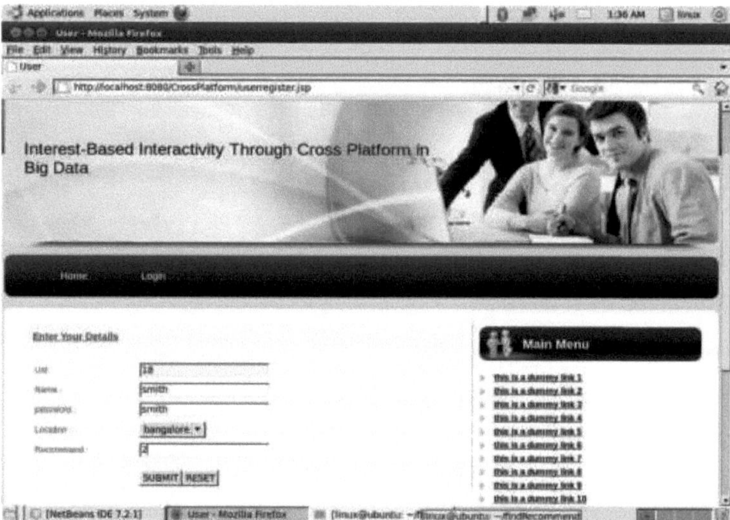

Figura 5.1: Instantâneo do Formulário de Registo de Utilizador

Aqui o utilizador tem de se registar fornecendo Uid, nome, palavra-passe, localização e número de url's recomendados necessários pelo utilizador a partir da aplicação.

Figura 5.2 : Instantâneo do formulário de Login

Aqui o utilizador tem de fazer login fornecendo o respectivo nome de utilizador e palavra-passe.

Discussão sobre o módulo de gestão de conteúdos e subscrição. Algoritmo, casos de teste e resultados relacionados com a gestão de utilizadores. Aqui a autenticação do utilizador também é feita neste módulo, fornecendo a senha única com respeito a um determinado utilizador.

Os interesses são extraídos de diferentes websites como o youtube, facebook, twitter, utilizando as API's da web como o protocolo API de dados do youtube, API de solução de conteúdo público, API do Twitter JSON API respectivamente e armazenados no repositório de extracção de informação. O repositório contém id's de url de diferentes fornecedores de serviços web como o youtube, facebook, google etc., depois as diferentes categorias como desporto, comédia, filmes, notícias, etc., e dados não actualizados como vídeos, áudios, imagens, etc., e contém url's de vários sites como o youtube, facebook, google etc.,

5.4 Casos de teste

Tabela 5.2: Tabela de testes para perfis de interesse e download de conteúdos

SL.NO		**Teste Função**	**Entrada**	**Esperado Saída**	**Actual Saída**	**Observações**
1		Interesse Profiler	Histórico de navegação	Interesse Vector tem de construir e recuperar a informação	Vector de interesse construído e Informação recuperada.	Sucesso
2		Descarregar conteúdo	Informação recuperada de Vector de interesse	Listof URL's baseados no Interesse do Utilizador.	Listof URL's baseados no Interesse do Utilizador.	Sucesso

A tabela 5.2 mostra os casos de teste para perfis de interesse e download de conteúdos. Os Parâmetros são funções de teste, entrada, saída esperada, saída real e observações. O teste é feito no profiler de interesse, descarregamento de conteúdo tomando as entradas como histórico de navegação e informação recuperada do vector de interesse respectivamente. A saída esperada é o vector de interesse tem de construir e recuperar a informação e lista de url's com base no interesse do utilizador respectivamente e os testes dão o mesmo resultado, pelo que se declara bem sucedido.

5.5 Resultados

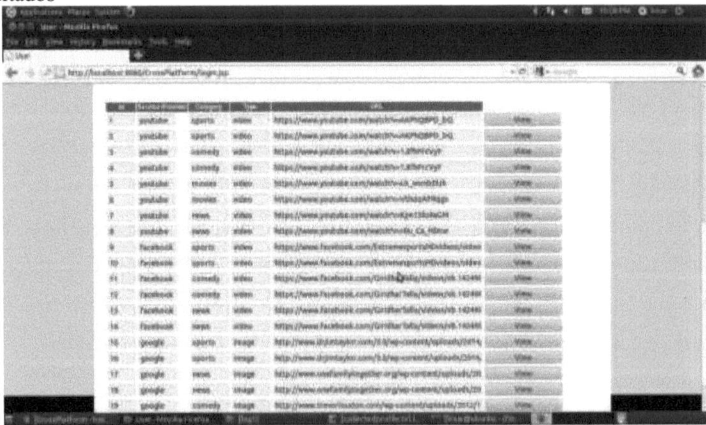

Figura 5.3: Instantâneo do Portal Cross Platform Web

A Figura 5.1 mostra que o portal web de plataforma cruzada contém id's de url, diferentes fornecedores de serviços web como youtube, facebook, google etc., diferentes categorias como desporto, comédia, filmes, notícias, etc., tipo como vídeos, áudios, imagens, etc., e contém url's de múltiplos sites como youtube,facebook,google etc.,

CAPÍTULO - 6

INTERESSE MINERAÇÃO

Com base no comportamento de navegação do utilizador nos conteúdos, este módulo aprende o interesse do utilizador e constrói perfis de utilizador agrupando utilizadores de interesse semelhante. Primeiro, o conjunto de formação é construído para o respectivo utilizador, utilizando a classificação num determinado item. Com base nas classificações fornecidas pelo utilizador, é gerado o modelo preditivo. O método de filtragem por classificação é aplicado ao modelo presciente, depois os Itens de primeira posição são incorporados na lista de propostas. Os interesses dos utilizadores mudam rapidamente para que o aluno do perfil seja actualizado automaticamente

Algoritmo

Passo1: O Conjunto de Formação TRa para Ua deve ser caracterizado.

Passo2: TRa é um conjunto de pares <Ik,Rk>

Onde Rk é a classificação dada por Ua na representação do item Ik.

Passo 3: Dada uma disposição de representação do item nomeado com classificações, o aluno do perfil gera um modelo presciente - o perfil do cliente.

Passo 4: A parte de filtragem executa a Filtragem por Rank Filtering para classificar coisas fascinantes, como indicado pelo significado relativo ao perfil do cliente. Os itens mais elevados são incluídos na lista de recomendação La que é dada a Ua.

Passo5: Os prémios do utilizador mudam geralmente à medida que o tempo passa; posteriormente, os dados progressivos devem ser mantidos e dados ao aluno do perfil para que este redesenha o perfil do cliente consequentemente.

Passo 6: O feedback é abordado através de sugestões produzidas deixando os clientes exprimirem os seus gostos ou não com as coisas La.

Passo 7: Após a recepção das críticas, o procedimento de aprendizagem é novamente concluído na nova informação de preparação e o perfil subsequente é ajustado aos prémios dos clientes melhorados. Tendo em mente o objectivo final de dar conta da forma dinâmica da inclinação do cliente.

6.1 Casos de teste

Quadro 6.1: Tabela de testes para dar classificação

SL.NO	Teste Função	Entrada	Esperado Saída	Actual Saída	Observações
1	Fornecer Classificação	Avaliar item a partir do botão de rádio	A classificação atribuída a um URL deve ser armazenada Escolher o Profiler	A classificação fornecida pelo utilizador é armazenada na escolha Profiler	Sucesso

A tabela 6.1 mostra os casos de teste para fornecer a classificação. Os Parâmetros são funções de teste, entrada, saída esperada, saída real e observações. O teste é feito na classificação de fornecimento, tomando a entrada como item de taxa a partir do botão de rádio. A saída esperada é a classificação atribuída a uma url deve ser armazenada na pasta de escolha do profiler e o teste dá o mesmo resultado que o esperado, pelo que declara o sucesso.

6.2 Resultados

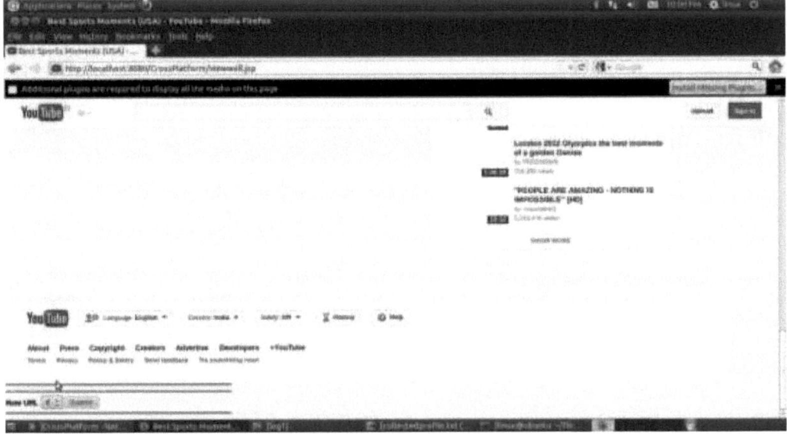

Figura 6.1: Instantâneo das classificações dadas pelo utilizador depois de observar o respectivo URL

Depois de ver diferentes url pelo utilizador, o utilizador tem de fornecer a classificação a essas url no botão fornecido na parte inferior. Todas as classificações fornecidas pelo respectivo utilizador são armazenadas na pasta choose profiler.

A correspondência dos conteúdos com o interesse do utilizador com base na correspondência de meta dados e também recomendação de colaboração e fornece recomendação de conteúdos ao utilizador. O vector de características é construído e armazenado como modelo de dados através da extracção de metadados de conteúdos. A consistência do modelo de dados é mantida através da remoção de outliers. O conteúdo que cumpre o valor limite é recomendado ao utilizador. Se um determinado utilizador não tiver visualizado anitem, então o utilizador vizinho fornecerá uma recomendação para esse item em particular.

Algoritmo

Passo 1: Cada conteúdo extraído do site de redes sociais é expresso sob a forma de vector de características

D= (W1,W2... WN)

Onde W1,W2 são vectores de luz para os artigos de Destaque. Os itens de característica são retirados dos meta dados do conteúdo.

Wi = tf * idf = (freq/maxfreq)*logN/ni 1

Passo 2: Armazenar os vectores de características sempre que um utilizador navega num determinado conteúdo e armazená-lo como vector de características de interesse.

Etapa 3: Remover outliers e agrupar os itens no vector de características de interesse

Passo 4: Qualquer novo conteúdo extraído do sítio social, compare a semelhança do vector de características do conteúdo com os centros de agrupamento de características do vector de interesse criado, se o valor da semelhança for inferior ao limiar, o conteúdo é recomendado para o utilizador.

Etapa 5: Agrupar os grupos de centros de agrupamento de interesse semelhantes apresentam um vector e sempre que o utilizador for grupo, recomenda o mesmo conteúdo a outros utilizadores no grupo, caso não o tenham visto.

Tabela 6.2: Tabela de testes para recomendação

SL.NO	Teste Função	Entrada	Esperado Saída	Actual Saída	Observações
1	Dição de recompensa	O utilizador tem de recomendar através de um vector de características	Conteúdo recomendado	Recomendar uma acção feita	Sucesso

A tabela 6.2 mostra os casos de teste para a formulação de recomendações. Os Parâmetros são funções de teste, entrada, saída esperada, saída real e observações. O teste é feito com base na recomendação, tendo em conta as entradas como utilizador tem de recomendar através do vector de características. O resultado esperado é o conteúdo recomendado e o teste dá o mesmo resultado. Por conseguinte, declara o sucesso.

Resultados

A fotografia relacionada com este capítulo é mostrada no capítulo no 9 snapshot no 9.1.

Resumo

Este capítulo discute principalmente a forma como o módulo acima referido fará corresponder os conteúdos aos interesses do utilizador, com base na correspondência de meta dados também recomendação de colaboração e fornece recomendação de conteúdo ao utilizador. Com base na medida de semelhança co-seno, o valor da semelhança é calculado, se um determinado utilizador não tiver visto um item, então o utilizador vizinho fornecerá recomendação para esse item em particular.

CAPÍTULO - 7

RECOMENDAÇÃO

Conteúdo Recomendado ao utilizador para o qual o utilizador ainda não tenha visualizado. Isto é conseguido através do cálculo da medida de semelhança cosina entre as classificações de URLs vizinhas. Todas as informações relativas ao Utilizador, URL, Classificação, Localização serão armazenadas num ficheiro. O modelo de dados é construído com base nas classificações fornecidas pelos utilizadores num determinado local.

Cálculo da medida de semelhança

Passo 1: Modelo DataModel = novo modelo FileDataModel(novo ficheiro ("file.txt"));

Passo 2: Construir o resumo das relações pré-registadas

Colecção<GenericItemSimilarity.ItemItemSimilarity> correlações =

ItemSimilarity itemSimilarity = novo GenericItemSimilarity(correlações);

Quadro 7.1: Avaliações dadas pelo utilizador

USUÁRIO	URL	RATINGS	LOCALIZAÇÃO
1	U1	3	BANGLORE,ÍNDIA
1	U2	4	BANGLORE,ÍNDIA
1	U3	2	BANGLORE,ÍNDIA
1	U4	1	BANGLORE,ÍNDIA
1	U5	5	BANGLORE,ÍNDIA
2	U1	3	BANGLORE,ÍNDIA
2	U3	4	BANGLORE,ÍNDIA
2	U5	4	BANGLORE,ÍNDIA
3	U2	4	BANGLORE,ÍNDIA
3	U3	4	BANGLORE,ÍNDIA
3	U5	2	BANGLORE,ÍNDIA

Passo 3: Calcular a similaridade entre a url

A semelhança entre os produtos pode ser calculada através da utilização da fórmula

$$Sim(i,j)=\cos(\vec{s},\vec{y})= \vec{s}\cdot\vec{y} / \|s\|2 * \|\vec{y}\|2$$

Passo 4: Calcular a similaridade do utilizador em relação aos produtos

A semelhança do utilizador em relação à url é calculada utilizando a fórmula P""Γ

Passo 5: Apresentar recomendação

$$P(u, i) = \frac{\sum I \in l\ si\ m(i,l) r^{u}{}_{l}}{\sum I \in l\ |si\ m(i,l)|}$$

Recomendar recomendação = novo GenéricosItemBasedRecommender(model,itemSimilarity);

Recomende cachingRecommender = novo CachingRecommender(recommender);

Lista<RecommendedItem> recommendations = cachingRecommender.recommend(5, 2);

Exemplo Parte de cálculo

Quadro 7.2: Vector das características do edifício

O vector de características consiste no conjunto de utilizadores U1, U2, U3, conjunto de URLs P1, P2, P3, P4, P5 e respectivas classificações dadas pelos utilizadores no que diz respeito ao URL.

Utilizador^	URL ^	P1	P2	P3	P4	P5
U1		3	4	2	1	5
U2		3	--	4	--	4
U3		--	4	4	--	2

Quadro 7.3: Cálculo da medida de semelhança entre URL pl e p3

	U1	U2	U3
P1	3	3	--
P2	4	--	4

$$Sim(i,j) = \cos(\vec{i}, \vec{j}) = \frac{\vec{i} \cdot \vec{j}}{\|\vec{i}\|^2 * \|\vec{j}\|^2}$$

=3*4/9*16=12/144=0.083

Quadro 7.4: Cálculo da medida de similaridade entre URL p1 e p3

	U1	U2	U3
P1	3	3	--
P3	2	4	4

=6+12/8*20=18/360=0.05

Quadro 7.5: cálculo da medida de similaridade entre URL p1 e p4

	U1	U2	U3
P1	3	3	--
P4	1	--	--

=3*1/9*1=3/9=0.33

	U1	U2	U3
P1	3	3	--
P5	5	4	2

=15+12/18*41=27/738=0.03

Quadro 7.6: Cálculo da medida de similaridade entre URL p2 e p3

	U1	U2	U3
P2	4	--	4
P3	2	4	4

=18+16/32*20=24/640=0.03

Quadro 7.7: Cálculo da medida de similaridade entre URL p2 e p4

	U1	U2	U3
P2	4	--	4
P4	1	--	--

=4*1/16+1=4/16=0.25

Quadro 7.8: Cálculo da medida de similaridade entre URL p2 e p5

	U1	U2	U3
P2	4	--	4
P5	5	4	2

=20+8/32*29=28/928=0.03

Quadro 7.9: Cálculo da medida de similaridade entre URL p3 e p4

	U1	U2	U3
P3	2	4	4
P4	1	--	--

=0.5

Quadro 7.10: Cálculo da medida de similaridade entre URL p3 e p5

	U1	U2	U3
P3	2	4	4
P5	5	4	2

Quadro 7.11: Cálculo da medida de similaridade entre URL p4 e p5

	U1	U2	U3
P4	1	--	--
P5	5	4	2

=5/26=0.19

De acordo com feaure vector user2 e user3 não visualizou o URL p2,p4 e p1,p4 respectivamente, pelo que a classificação em relação a p2, p4 e p1,p4 é calculada utilizando

$$\mathbf{P(u,i)} = \frac{\sum_{i \in I} sim(i,j) * r_{u,j}}{\sum_{i \in I} |sim(i,j)|}$$

Para o utilizador2

$$P(p2) = \frac{p1(p1,p2)+P3(p3,p2)+p5(p5,p2)}{(p1,p2)+(p3,p2)+(p5,p2)}$$

$$= \frac{3(0.083)+4(0.037)+4(0.03)}{(0.083)+(0.037)+(0.03)}$$

$$= 3.44$$

$$P(p4) = \frac{p1(p1,p4)+P3(p3,p4)+p5(p5,p4)}{(p1,p4)+(p3,p4)+(p5,p4)}$$

$$= \frac{3(0.33)+4(0.5)+4(0.19)}{(0.33)+(0.5)+(0.19)}$$

$$=3.67$$

Para o Utilizador3

$$P(p1) = \frac{p2(p2,p1)+P3(p3,p1)+p5(p5,p1)}{(p2,p1)+(p3,p1)+(p5,p1)}$$

$$= \frac{2(0.083)+4(0.05)+2(0.03)}{(0.083)+(0.05)+(0.03)}$$

$$= 3.63$$

$$P(p4) = \frac{p2(p2,p4)+P3(p3,p4)+p5(p5,p4)}{(p2,p4)+(p3,p4)+(p5,p4)}$$

$$= \frac{4(0.25)+4(0.5)+2(0.19)}{(0.25)+(0.5)+(0.19)}$$

$$=3.59$$

Quadro 7.12: Vector de características após o cálculo da medida de semelhança

Utilizador ↓	URL →	P1	P2	P3	P4	P5
U1		3	4	2	1	5
U2		3	3.44	4	3.67	4
U3		3.63	4	4	3.59	2

Observações

Assim, ao aplicar a filtragem de classificação, o URL recomendado para o utilizador2 é p3, p5 e p4.

URL recomendado para o utilizador3 p2, p3 e p1

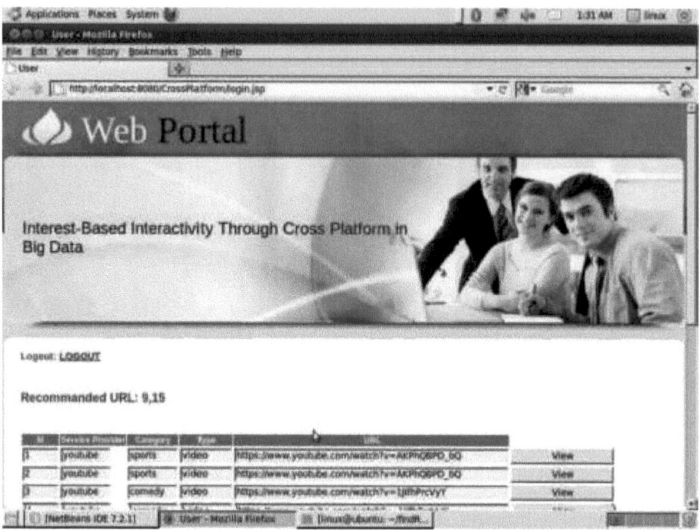

Figura 7.1: Instantâneo do URL recomendado dado ao utilizador

Inicialmente o utilizador visualizou a url id 1 relacionada com a categoria desportiva do tipo de vídeo do fornecedor de serviços do youtube. Da próxima vez que o utilizador entrar no sistema, receberá o url recomendado como 9, 15, o que indica que o url id 9 do facebook relacionado com desporto e o url id 15 do google relacionado com desporto. Por isso, os utilizadores.

CONCLUSÃO

É desenvolvido um fórum que engloba a interligação de serviços e canais de comunicação social. Ao permitir aos utilizadores modelar fontes relevantes baseadas em interesses em Big Data, realça o valor do utilizador e faz a ponte entre as necessidades dos utilizadores nos meios de comunicação social e os conteúdos técnicos.

A abordagem proposta baseou-se em implementações anteriores de Grandes Dados centradas no utilizador, que visavam principalmente o reforço dos serviços internos através do acesso à informação multiplataforma e da partilha de conteúdos fluidos. Esta investigação está centrada numa arquitectura baseada em interesses que permite aos ouvintes de rádio navegar em fontes de informação profissionais e de meios de comunicação social. O modelo adaptativo centrado no utilizador de Grandes Dados tirou partido de um mundo versátil que era sensível à evolução dos fluxos de dados entre os serviços de sítios de redes sociais.

Para resolver a falta de segmentação de conteúdos, acesso restrito a conteúdos e problemas de interoperabilidade de plataformas através de múltiplas plataformas. A taxa de juro será ajustada, e a taxa de juro será aumentada.

FUTURO TRABALHO

Além disso, a investigação futura deverá testar a modelação social desta aplicação pelos utilizadores, embora tenham sido sugeridas possíveis soluções de responsabilização pela sobrecarga e interactividade de conteúdos. A investigação futura deverá analisar possíveis mudanças nos modelos de negócio para as empresas de meios de comunicação que se alinhem com o modelo centrado no utilizador dos grandes dados, que se baseia no interesse alargado do modelo.

Referências

[1] H. M. Inc. (2013) Gestão dos meios de comunicação social. [Online]. Disponível: https://hootsuite.com/

[2] E. P. Bucy, "Interactividade na sociedade": Locating an elusive concept", The information society, vol. 20, no. 5, pp. 373-383, 2004.

[3] O. Fundação. (2013, 13 de Setembro) Website da Fundação Openid.[Online]. Disponível: http://openid.net/.

[4] C. J. Jacoby, "Understanding the limitations of keyword search", Equivio, white paper, 2012.

[5] S. J. McMillan, "Um modelo de ciber-interactividade em quatro partes, alguns ciber-locais são mais interactivos do que outros", *New Media & Society*, vol. 4, no. 2, pp. 271-291, 2002.

[6] E. J. Downes e S. J. McMillan, "Defining interactivity a qualitative identification of key dimensions", *New Media & Society*, vol. 2, no. 2, pp. 157-179, 2000.

[7] P. Wilson, "Interdisciplinary research and information overload". *Library Trends*, vol. 45, no. 2, pp. 192-203, 1996.

[8] AstaZelenkauskaite e Bruno Simoes, "Big data through cross-platform interest based interactivity "Big Data and Smart Computing, vol. 47, no. 2, pp. 191-196,2014.

[9] Mohamed sarwat, Justin J. Levandoski , Ahmed Eldawy , e Mohamed F.Mokbel," LARS*: Um sistema de recomendação de localização eficiente e escalável - ciente.

[10]Z. D. Zhao, e M. S. Shang, "User-Based Collaborative-Filtering Recommendation Algorithms on Hadoop, "In the third International Workshop on Knowledge Discovery and Data Mining, pp. 478-481, 2010.

[11]G. Adomavicius, e A. Tuzhilin, "Toward the Next Generation of Recommender Systems": A Survey of the State-of- the-Art and Possible Extensions", IEEE Transactions on Knowledge and Data Engineering, Vol.17, No.6 pp. 734-749, 2005.

[12]Daniele Dell'Aglio, Irene Celino, e Dario Cerizza, "Anatomia de uma Semântica Sistema recomendado com base no conhecimento".

Printed by Books on Demand GmbH, Norderstedt / Germany